AF389861

# TRAITÉ PRATIQUE

## DES

# HUILES MINÉRALES

### TELLES QUE

## PÉTROLES, SCHISTES

### ET AUTRES HUILES ANALOGUES.

L'Auteur et l'Éditeur de cet Ouvrage se réservent le droit de le traduire ou de le faire traduire en toutes langues. Ils poursuivront, en vertu des Lois, Décrets et Traités internationaux, toute contrefaçon, soit du texte, soit des gravures, ou toute traduction faite au mépris de leurs droits.

Le dépôt légal de cet Ouvrage a été fait à Paris dans le cours de 1864, et toutes les formalités prescrites par les Traités sont remplies dans les divers États avec lesquels la France a conclu des conventions littéraires.

———

Tout exemplaire du présent Ouvrage qui ne porterait pas, comme ci-dessous, la griffe du Libraire-Éditeur, sera réputé contrefait. Les mesures nécessaires sont prises pour atteindre, conformément à la loi, les fabricants et les débitants de ces exemplaires.

PARIS. — IMPRIMERIE DE GAUTHIER-VILLARS, SUCCESSEUR DE MALLET-BACHELIER,
Rue de Seine-Saint-Germain, 10, près l'Institut.

# TRAITÉ PRATIQUE

## INDUSTRIEL ET COMMERCIAL

DES

# HUILES MINÉRALES

A L'USAGE

## DES FABRICANTS, MARCHANDS ET CONSOMMATEURS

DE

## PÉTROLES, SCHISTES

### ET AUTRES HUILES ANALOGUES

**Ouvrage également utile**

AUX NÉGOCIANTS ENTREPOSITAIRES ET CONSIGNATAIRES,
AUX EMPLOYÉS OU PRÉPOSÉS DES DOUANES ET DES OCTROIS,
AUX EXPERTS ET ARBITRES PRÈS LES TRIBUNAUX, ETC., ETC.,

## PAR L.-P. MONGRUEL,

Ingénieur civil, chimiste de la manufacture de photogènes de Stratford (Angleterre),
Fondateur de la *Photogenic gas Company limited* de Londres,
Membre de l'Académie nationale, de la Société des arts industriels
et de l'Institut polytechnique de Paris.

---

## PARIS,

### GAUTHIER-VILLARS, IMPRIMEUR-LIBRAIRE

DU BUREAU DES LONGITUDES, DE L'ÉCOLE IMPÉRIALE POLYTECHNIQUE,

### SUCCESSEUR DE MALLET-BACHELIER,

Quai des Augustins, 55.

1864

( L'Auteur et l'Éditeur de cet ouvrage se réservent le droit de traduction.)

# AVANT-PROPOS.

Depuis le commencement de 1860 jusqu'à la fin de 1862, je me suis occupé uniquement, dans les villes de Marseille, de Lyon et de Paris, des diverses questions relatives à l'éclairage minéral.

J'ai, de plus, passé l'année 1863 tout entière en Angleterre, l'entrepôt naturel et presque obligé des huiles d'Amérique, et la patrie des bogheads et des schistes, au milieu des distilleries et des raffineries d'huiles minérales. En contact journalier avec les chimistes spéciaux attachés à ces établissements, je me suis constamment livré à des expériences et à des études qui m'ont appris sur cette matière beaucoup de choses que je ne trouve consignées ni dans les livres, ni dans les publications périodiques. Ces notions, qu'il serait très-utile aux négociants de connaître, sont cependant ignorées du plus grand nombre des fabricants, des dépurateurs et des marchands d'huiles minérales.

Enfin j'ai compulsé tous les ouvrages et les journaux scientifiques allemands, français, anglais, américains, dans lesquels j'espérais rencontrer des procédés pratiques ou des idées nouvelles.

Mon but a été de coordonner et de condenser les notions ainsi recueillies, en les mariant et les fondant en quelque sorte avec les connaissances spécialement et personnellement acquises par mes travaux, pour les produire dans un volume aussi petit que possible et dégagé de termes scientifiques. J'ai eu soin, d'ailleurs, d'ajouter à la fin de ce livre quelques tables commerciales, qui seront d'un usage fréquent et d'une commodité incontestable.

Je m'estimerai heureux, si j'ai rendu service à mes lecteurs en leur offrant, sous une forme simple, le résumé général des connaissances actuelles sur les matières qui sont l'objet de cet ouvrage.

MONGRUEL.

# TABLE DES MATIÈRES.

# CHAPITRE III.

## EXPLOSIONS DANS LES LAMPES.



# CHAPITRE IV.

## CARACTÈRES DISTINCTIFS DES BONNES HUILES.



# CHAPITRE V.

## DE LA DENSITÉ DES HUILES.

# CHAPITRE VI.

## DU DEGRÉ D'IGNITION ET DU POINT D'ÉBULLITION.



# CHAPITRE VII.

## DES MATIÈRES EXTRACTIVES.



# CHAPITRE VIII.

## FABRICATION DES HUILES.

# CHAPITRE IX.

## RECTIFICATION ET DÉSINFECTION.



# CHAPITRE X.

## TABLES COMMERCIALES DE PRIX COMPARÉS.

# TRAITÉ PRATIQUE

DES

# HUILES MINÉRALES

## CHAPITRE I.

### GÉNÉRALITÉS ET NOMENCLATURE USUELLE.

Défnition. — Dénominations diverses. — Propriétés communes à tous
les hydrocarbures. — Phénomènes de la distillation des houilles et
des pétroles bruts. — Séries homologues. — Nomenclature proposée
par l'auteur. — Tableau des densités et points d'ébullition des groupes
de cette nomenclature.

Sous la dénomination d'*huiles minérales*, on comprend
généralement les différentes variétés d'huiles extraites de
la terre, soit qu'elles sourdent naturellement à sa surface,
soit qu'on les trouve à une certaine profondeur, soit qu'on
les retire des matières combustibles minérales par voie
de distillation.

Les substances propres à fournir ces huiles sont nombreuses, variées et abondantes dans tous les pays, comme on le verra par la suite. Ce sont en général des matières charbonneuses, telles que les houilles plus ou moins parfaites : anthracite, schiste, *boghead*, *cannel-coal*, etc., ou telles que les matières bitumineuses : asphalte, bitume, pétroléum, etc.

Selon la matière dont elles sortent, on emploie pour les désigner des dénominations qui, sans être très-exactes, expriment assez clairement leur origine pour qu'il n'y ait pas de confusion. Ainsi, on dit en France : *huile de goudron, de schiste, de boghead, de bitume, de pétrole* (ou *de pierre*), *de tourbe*, etc. En Angleterre, on a adopté les noms de *mineral-oil, coal-oil, carbon-oil, pétroleum-oil*, etc. En Amérique, les mêmes dénominations sont employées, mais on y connaît aussi celles de *paraffine-oil*, de *kerosene*, de *mineral lamps-oil* et de *naphtha-oil*, etc. A cette longue liste de noms, divers manufacturiers ou marchands français, anglais, américains ont ajouté des noms particuliers pour faire croire à l'existence de produits nouveaux qui ne sont en réalité que des huiles de charbon ou de pétrole : tels sont ceux de *luciline, huile végéto-minérale, saxoléine, stellantine, cazelline, crystal-carbon-oil, Lucifer-oil, Lucifer-naphtha*, etc.

Enfin, on comprend toutes ces huiles sous la dénomination plus générique et plus exacte d'*hydrocarbures*, ou mieux encore sous celle de *carbures d'hydrogène liquides* (en anglais *hydro-carbon*), qui signifie *composés d'hydrogène et de carbone*.

Malgré leur différence d'origine, les huiles minérales ont entre elles de grandes analogies et jouissent de quelques propriétés physiques et chimiques qui leur sont communes. Toutes, par exemple, sont volatiles, inflammables, éclairantes, odorantes et susceptibles de se décomposer par application de la chaleur vive, etc., etc.; mais elles possèdent ces propriétés à des degrés trèsvariés qui en font comme autant de produits différents, selon la proportion dans laquelle sont combinés leurs éléments.

Il y a bien des siècles que des sources bitumineuses sont connues : les peuples barbares, comme les peuples civilisés, paraissent les avoir utilisées de tout temps à des usages divers, et il serait impossible de dire le lieu et l'époque de leur découverte primitive.

Mais il y a beaucoup moins longtemps que les huiles de houille sont entrées dans le domaine de nos connaissances. Ce n'est qu'en 1694 que semblent avoir été faites les premières tentatives de leur distillation; et quant à leur rectification, elle ne date que d'hier.

Les applications des huiles minérales aux usages de la vie ont été d'une lenteur excessive, qu'explique suffisamment l'odeur forte et désagréable qui les accompagnait; aujourd'hui même, leur emploi dans les arts et dans l'industrie est encore aussi restreint et aussi éloigné de son entier développement, que les procédés de purification le sont de leur plus haut degré de perfection.

La similitude qui rapproche les pétroles des huiles de houille, et la confusion qui règne encore entre ces deux produits, dans le commerce général des hydrocarbures venant d'Amérique, nous obligent à entrer, dès à présent, dans l'étude des phénomènes de leur distillation.

Si l'on place dans une cornue en fer, en grès ou en terre, convenablement disposée pour recueillir le produit de la distillation, soit du schiste, soit du boghead, soit une qua-

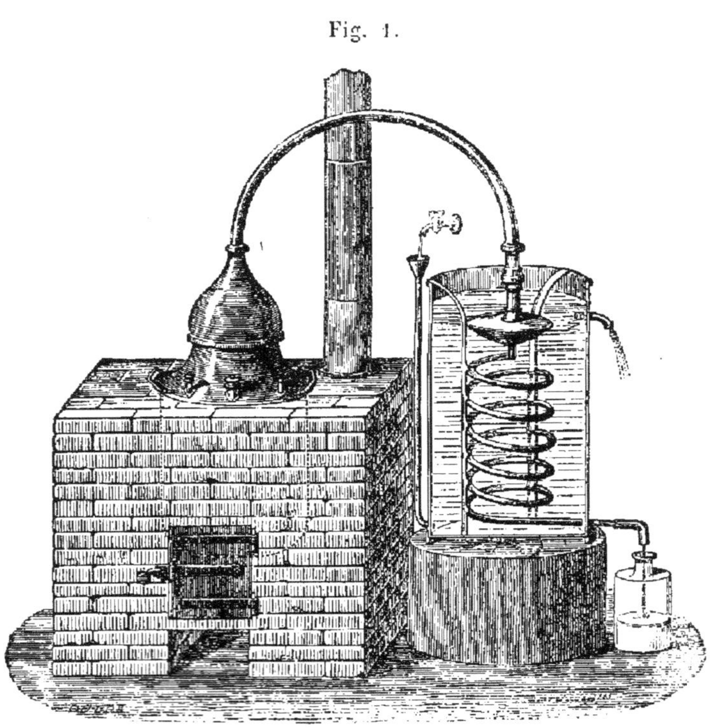

Fig. 1.

lité quelconque de houille, et qu'on chauffe doucement et graduellement, on verra d'abord s'échapper des vapeurs d'eau, mêlées le plus souvent d'acide carbonique, de gaz ammoniacaux et d'une huile essentielle extrêmement légère, volatile, inflammable et très-difficile à condenser, mais dont on peut obtenir la dissolution et la liquéfaction dans une essence. En continuant d'élever graduellement la chaleur, on voit bientôt apparaître des séries indéfinies d'huiles, différentes par leur poids spécifique et plus ou moins faciles à condenser. Les plus légères et les premières obtenues ont la plus grande analogie avec le gaz des marais ou protocarbure d'hydrogène, et elles possèdent plutôt les caractères des éthers et des esprits que ceux des huiles ordinaires. Comme les éthers, elles sont d'une excessive volatilité et provoquent l'ivresse et l'insensibilité des personnes qui les respirent. Maintes fois nous en avons éprouvé les effets enivrants et anesthésiques, faute de précautions suffisantes, soit en soutirant ces liquides, soit en respirant leurs vapeurs répandues dans l'air au commencement de la distillation ou de la rectification des essences. Finalement, lorsque la chaleur a été élevée vers 400 ou 425 degrés centigrades, plusieurs substances pyrogéneuses, connues sous le nom d'*huiles mortes*, apparaissent mécaniquement mêlées à des produits aqueux qui se déposent au fond du vase de réception ; car durant toute l'opération, de l'hydrogène et de l'oxygène libres se combinent dans la cornue et donnent naissance à l'eau qu'on trouve toujours dans le récipient.

Dans les cornues appropriées à cet usage, toutes les huiles passent ordinairement avant la température de 400 degrés centigrades. Lorsque la chaleur est plus élevée, elle transforme toutes les parties volatiles en gaz permanents ou incoercibles.

Ainsi que nous l'avons dit, les différentes huiles ob-

1.

tenues par la distillation ont beaucoup d'analogie, mais elles diffèrent toujours par quelques-unes de leurs propriétés physiques ou chimiques, par la densité et la volatilité notamment, et elles ne sont pas susceptibles de se combiner d'une manière permanente, de se confondre en un mot en une masse complétement homogène, malgré leur communauté d'origine.

La différence de leur nature est facilement appréciée, lorsque l'on recueille isolément ces divers produits à mesure que la température s'élève de cinq en cinq, ou de dix en dix degrés; car en agissant ainsi on sépare par groupes les séries indéfinies dont nous avons parlé, et on obtient des liquides se distinguant les uns des autres par leur volatilité, leur densité, et même leur aspect.

Ce que nous venons de dire s'applique à la distillation des pétroles, comme à celle de la houille; mais hâtons-nous d'ajouter que, lorsqu'il s'agit des pétroles, il faut prendre de grandes précautions, car des gaz mêlés de vapeurs, qui sont incoercibles à la température moyenne de l'atmosphère, s'échappent dès l'application du feu, et, comme ils sont excessivement inflammables, ils peuvent, sous l'influence d'un courant d'air, communiquer l'incendie à dix mètres de distance, avec la rapidité de l'éclair. Nous en avons été témoin.

Lorsque la chaleur augmente un peu, les esprits et les essences condensables commencent à fluer, et à leur suite les huiles proprement dites, ou de densité moyenne, qui précèdent elles-mêmes la sortie des huiles lourdes par lesquelles se termine l'opération.

Si l'on a soin de recueillir séparément les huiles données par la distillation, à mesure que le thermomètre plongé dans la cornue s'élève de cinq en cinq ou de dix en dix degrés, on réunit par petits groupes les séries indéfinies dont nous parlons plus haut, et on obtient des liquides de densités différentes, similaires sans doute, analogues incontestablement, mais non point identiques entre eux, chacun pris séparément n'étant même pas parfaitement homogène puisqu'il contient des parties qui n'ont pas exactement la même densité et la même volatilité.

Une classification précise, une appellation nette et facile n'ont point encore été établies pour la désignation des huiles minérales, selon leur composition, leur densité, leur point d'ébullition, leur volatilité, et surtout suivant les usages différents auxquels les rendent propres leurs caractères distinctifs; cependant, on sent chaque jour davantage, à mesure que ces produits sont plus abondants et plus connus, le besoin, la nécessité même d'une nomenclature simple, plutôt vulgaire que technique, plus commerciale que savante, qui, par l'analogie des idées qu'elle rappelle, fasse comprendre sans effort les caractères généraux des séries auxquelles se rapportent les dénominations.

Les illustrations chimiques de notre époque ont bien, en leur donnant des noms particuliers, fait pressentir ou clairement annoncé l'existence des séries dont nous parlons, et notamment MM. Gessner à New-York, Schorlemmer à Manchester, et Pelouze et Cahours à Paris, mais leurs belles recherches analytiques s'adressent uniquement aux savants.

La question reste donc dans les termes où nous l'avons

posée, et, tout en témoignant de notre respect pour la science, nous persistons à dire qu'il est nécessaire pour les commerçants de recourir à une nomenclature moins scientifique, mais cependant assez précise pour que l'on ne puisse pas confondre, comme dans les expressions trop génériques d'*huiles minérales*, d'*hydrocarbures minéraux*, ou même d'*huiles de schiste, de charbon* ou *de pétrole*, des liquides si différents par leur poids, par leur pouvoir éclairant et par leur valeur relative.

Voici la nomenclature vulgaire que nous proposons à l'adoption du commerce, en nous bornant à de grandes divisions : ÉTHER, ESPRIT, ESSENCE, HUILE LÉGÈRE, HUILE LAMPANTE, HUILE LOURDE, HUILE LUBRIFIANTE.

Par *éther minéral*, nous désignerons — à cause de l'analogie de ses caractères physiques avec ceux de l'éther sulfurique, le plus connu des éthers — le premier groupe de séries légères qui est obtenu au commencement de la distillation, et qui n'est facilement condensé qu'en faisant passer les vapeurs dans un serpentin entouré de glace ou d'un mélange réfrigérant de glace et de sel.

Ce groupe est composé de liquides extrêmement volatils, dont le point d'ébullition est inférieur à 35 degrés centigrades, et qui pèsent de 600 à 645 grammes le litre.

Lorsqu'on répand sur la main quelques gouttes de l'un de ces liquides, il emprunte au tissu cutané, pour se vaporiser, une quantité de calorique telle, que l'on éprouve un froid très-sensible ; le derme est en partie décoloré et blanchi, comme s'il avait été brûlé par le contact instantané d'un corps métallique rougi au feu.

Par *esprit minéral*, nous désignerons le groupe des séries légères obtenues immédiatement après les précédentes, pesant de 650 à 695 grammes et ayant leur point d'ébullition compris entre 40 et 70 degrés.

Les esprits et les éthers sont inflammables aux plus basses températures.

Les *essences* seront composées des séries qui suivent les *esprits* dans la distillation, et dont la densité est comprise entre 700 et 745 grammes, et le point d'ébullition entre 75 et 120 degrés.

Dans son ensemble, ce groupe ne s'enflamme que de zéro à 5 degrés centigrades au-dessus de zéro.

Après les essences viennent les *huiles légères*, pesant de 750 à 790, bouillant entre 130 et 180 degrés et prenant feu aux environs de 40 degrés.

C'est après les *huiles légères*, et sous l'influence d'une élévation progressive de la chaleur, que se présentent les séries formant le groupe des *huiles lampantes*. Leur poids est de 795 à 815 grammes. Elles bouillent entre 200 et 240 degrés, et ne doivent pas s'enflammer au-dessous de 55 à 60 degrés. Ce groupe est le plus abondant et le plus important de tous au point de vue du commerce, car il est l'objet principal et essentiel de la distillation des pétroles, ainsi que des matières charbonneuses ou bitumineuses.

Vers la fin de la distillation apparaissent les *huiles lourdes*, fournies en moindre abondance par le pétrole et les bitumes, mais en plus grande quantité par le goudron de houille sortant des usines à gaz. Elles pèsent de 825 à 900 grammes, et bouillent de 250 à 280 degrés, au plus.

Nous résumons dans le tableau ci-dessous, afin de

pouvoir les embrasser dans leur ensemble, les principaux caractères des groupes de notre nomenclature, telle que nous venons de l'exposer :

| NUMÉROS. | NOMS des GROUPES. | DENSITÉS. | POINT D'ÉBULLITION. | POINT D'IGNITION ou D'INFLAMMATION. |
|---|---|---|---|---|
| | | | degrés. | |
| 1 | Éthers............ | 0,600 à 645 | 5 à + 35 | Aux plus basses températures. |
| 2 | Esprits............ | 0,650 à 695 | + 50 à + 70 | Aux plus basses températures. |
| 3 | Essences.......... | 0,700 à 745 | + 75 à + 120 | de 0 à + 5 |
| 4 | Huiles légères..... | 0,750 à 790 | + 130 à + 180 | + 35 |
| 5 | Huiles lampantes.... | 0,795 à 815 | + 200 à + 240 | + 55 |
| 6 | Huiles lourdes...... | 0,825 à 900 | + 250 à + 280 | + 75 |
| 7 | Huiles mortes...... | 0,900 à 1,100 | + 360 à + 400 | » |

# CHAPITRE II.



Introduction dans le commerce des pétroles d'Amérique. — Caractères
particuliers, rendement et usages de chaque groupe de la nomenclature nouvelle. — Action des éthers minéraux sur l'économie ani-
male. — Emploi des esprits pour détacher les étoffes. — Usages des
essences dans la peinture, les vernis, la dissolution du caoutchouc, etc. — Emploi possible des huiles légères dans des lampes
appropriées. — Les huiles lourdes et lubrifiantes. — Tableau du prix
moyen des huiles brutes ou raffinées, etc.

---

Depuis bien des siècles on emploie à l'éclairage extérieur les huiles de sources naturelles à l'état brut. Mais
leur consommation, pour cet usage, est loin d'être aussi considérable que celle qui serait nécessitée par l'éclairage particulier ou intérieur. Aussi s'est-on demandé de nos jours
s'il ne serait pas possible de débarrasser ces matières des
substances bitumineuses, goudronneuses ou asphalteuses
qu'elles contiennent, pour les introduire dans les appartements, exemptes de fumée et d'odeur.

Les résultats déjà obtenus dans la distillation des
houilles pour la production du gaz d'éclairage avaient
tracé la voie, et on chercha par des procédés analogues à

distiller les huiles brutes fournies en si grande abondance par les sources d'Amérique. Mais on ne soupçonna pas immédiatement la nécessité de fractionner les opérations, et il fallut la triste expérience des accidents qui se succédèrent de toutes parts, pour éveiller l'attention des producteurs, et pour mettre le public en garde contre les dangers résultant de l'emploi de ces huiles distillées.

On sait maintenant qu'il est indispensable de recueillir séparément ces divers produits de la distillation, et qu'il faut, pour avoir des huiles propres à l'éclairage, isoler les séries de notre cinquième groupe, de manière à écarter complétement les esprits volatils qui s'échappent dès les premières atteintes du feu, ainsi que les huiles lourdes obtenues à la fin de l'opération.

Ces séries sont en effet d'un emploi facile, et donnent, dans de bonnes conditions de préparation, un bel éclairage, qui n'a rien d'offensant pour l'odorat : aussi sont-elles devenues d'un usage si général, que leur écoulement dans le commerce est toujours assuré.

Cependant, ce serait méconnaître les ressources que les arts et l'industrie offrent aujourd'hui au placement de toutes les séries, que de perdre les premières par un défaut de soin — comme l'ont fait la plupart des distillateurs — ou de négliger l'extraction des dernières, dans lesquelles on trouve la paraffine, ce magnifique produit, commercialement connu depuis quelques années seulement.

Nous allons décrire sommairement les caractères essentiels des groupes de notre nomenclature, jeter un regard rapide sur leur emploi actuel dans l'industrie, et essayer d'indiquer de nouvelles applications, que d'autres tenteront sans doute avec succès, en restant dans la limite de leur exploitation spéciale.

**Éthers et esprits.** — Les éthers et les esprits, qui forment nos deux premiers groupes, ont été les produits les moins étudiés, et sont par conséquent les moins connus. Ils existent dans toutes les huiles brutes, ou du moins ils se dégagent généralement au moment où on les distille; mais ils sont peu abondants : 2 pour 100 d'éther, 3 pour 100 d'esprit, telle est à peu près la proportion habituelle. Cependant, on comprendra que cette proportion doit varier avec les circonstances. La première distillation, d'où résultent les huiles brutes, peut en effet être ménagée, ou au contraire être poussée vigoureusement; la matière première (si c'est du pétrole) peut provenir d'une source couverte et profonde, et être enfûtée à mesure qu'on la recueille; ou bien être extraite de lacs ou de réservoirs exposés plus ou moins longtemps au contact de l'air et à l'action vaporisante du soleil.

Nous avons opéré sur des huiles de certaines natures qui fournissaient jusqu'à 5 pour 100 d'éther et 10 pour 100 d'esprit, indépendamment de 10 à 12 pour 100 d'essences, soit au total 25 à 27 pour 100 de parties légères, avant l'apparition des huiles proprement dites; mais cette proportion est exceptionnelle. Les séries réunies de nos deux premiers groupes sont aussi celles qui ont le moins bien réussi dans les quelques applications qu'on a tentées.

La meilleure manière de recueillir ces produits volatils est de les dissoudre dans ceux du troisième ou du quatrième groupe, jusqu'au moment où on veut les isoler par une distillation nouvelle et spéciale. On peut même dire que c'est le seul procédé pratique qui permette de les conserver sans grande perte. Leur point d'ébullition est si bas en général, et leur volatilité si grande, que, si l'on introduit, à la température de zéro, un centilitre d'un corps du premier groupe dans une fiole ouverte tenue à la main, la chaleur de la peau le fait presque instantanément bouillir ; les vapeurs alors s'échappent en une atmosphère assez dense pour être parfaitement visible, et en un moment la fiole est vidée et mise à sec.

Ces éthers se dissolvent parfaitement dans l'alcool et dans l'éther sulfurique, sans trouble ni dépôt. A toute température, ils s'enflamment d'assez loin en présence d'un corps en ignition et brûlent avec une flamme pure, exempte d'odeur et de fumée.

Ils dissolvent promptement les matières grasses, et cette propriété, qu'ils partagent avec tous leurs homologues, les a fait employer sous divers noms pour enlever les taches d'huile et de graisse sur les étoffes. Mais l'extrême volatilité des produits du premier groupe ne leur laisse pas le temps de pénétrer dans le tissu et de dissoudre suffisamment ces matières pour les enlever par le frottement au moyen d'un tampon ; aussi les esprits du second groupe sont-ils préférables pour cet usage.

Nous avons indiqué déjà leurs effets enivrants et anesthésiques sur l'homme qui les respire. La médecine, lorsqu'elle y portera son attention, trouvera certainement dans ces deux groupes de puissants agents d'excitation et de substitution. Mais quelle importance aura jamais, au point de vue de l'exploitation, la consommation par la thérapeutique de produits si abondants ?

Les quantités considérables d'huiles de pétrole, de

schistes et de matières bitumineuses, que l'on distille aujourd'hui, permettent de recueillir ces corps volatils en assez grande abondance pour qu'on s'occupe de leur ouvrir d'autres débouchés. C'est ce que nous faisons actuellement en les employant à la *photogénisation* de l'air atmosphérique pour l'éclairage des usines, des châteaux et autres établissements isolés, pour lesquels la construction d'une fabrique de gaz entraînerait à de trop grands frais (1).

Jusqu'à présent, les prix des éthers et des esprits n'ont point encore été bien fixés, par la raison que les fabricants d'huiles n'ont pas recueilli ces produits, ou qu'ils les ont laissés dans les essences sans les en séparer. Toutefois, nous avons de fortes raisons de présumer qu'ils se maintiendront longtemps au-dessous du prix de ces dernières.

**Essences.** — Les essences, comprises dans notre troisième groupe, sont limpides, transparentes, et plus abondantes dans les huiles minérales que les précédents produits. On les y trouve en différentes proportions, selon la nature, la provenance et l'exposition plus ou moins pro-

(1) La première application en grand que nous ayons faite en Angleterre de l'éclairage par l'air photogénisé a eu lieu le 2 janvier 1864, pendant un froid rigoureux, à la fabrique de céramique (clay-works) de Bishops Waltham, dans le Hants, dirigée par le docteur Versman, savant chimiste de Londres. Le nombre des becs était de 150, très-éloignés les uns des autres, et le tuyautage, relativement très-long, n'avait pas été mis à l'abri des intempéries. Malgré la vivacité du froid, il n'y eut pourtant aucune apparence de condensation dans les tuyaux, et le succès fut complet. Depuis lors, l'usine n'a pas cessé d'être éclairée par ce système.

longée de la matière brute à l'air et à la chaleur. Quelques pétroles en fournissent 5, d'autres 10, d'autres enfin jusqu'à 15 pour 100, non compris les parties volatiles précédemment décrites. Parmi les charbons, le boghead est ordinairement celui qui en fournit le plus, quand la distillation est conduite doucement.

Ce groupe se rapproche naturellement par ses propriétés de celui qui le précède, comme ce dernier se rapproche lui-même du groupe des éthers, mais d'une façon moins complète.

Les essences se dissolvent aussi dans l'alcool sans dépôt ; mais si l'on y verse de l'éther sulfurique, la liqueur se trouble, devient laiteuse, et la clarification, en s'opérant par le repos, laisse précipiter une poudre blanche au fond du liquide.

Les essences, par cela même qu'elles sont plus faciles à condenser, sont mieux étudiées et sont plus connues, principalement sous la dénomination de *naphtha* ou d'essence de naphte.

La cherté de la térébenthine les a fait employer dans la peinture, et les Américains la vendent souvent sous le nom de *mineral turpentine* (térébenthine minérale). Mais les essences du commerce ne réussissent qu'imparfaitement dans ce rôle, parce qu'elles contiennent tout à la fois l'esprit dont elles n'ont pas été purgées, et une certaine quantité d'huile soulevée mécaniquement par leurs vapeurs, de sorte qu'une certaine portion se volatilise trop promptement, tandis qu'une autre portion ne sèche pas assez vite. Il serait facile de les préparer de manière à les approprier à l'emploi dont il s'agit. Toutefois, les essences de charbon sont plus avantageuses que celles de pétrole, parce qu'elles s'oxydent davantage et forment plus facilement cette pellicule résineuse et préservatrice que donne plus particulièrement l'essence de térébenthine.

La dissolution et le moulage du caoutchouc fournissent aussi un débouché assez considérable.

Enfin, on a commencé à les faire entrer dans la composition d'un vernis très-brillant, dont peu de maisons ont le secret, car il y a une difficulté sérieuse résultant de ce fait, qu'elles dissolvent difficilement et en petite quantité les matières résineuses qui sont la base ordinaire des vernis. En revanche, elles dissolvent parfaitement l'asphalte que l'alcool ne dissout pas, et qui peut remplacer les résines dans une certaine mesure et pour quelques applications. Il y a là une voie ouverte aux recherches des fabricants de vernis, auxquels les essences d'une densité appropriée fourniront un dissolvant à bon marché.

En effet, leur prix commercial est tombé très-bas à cause de leur abondance et de leur consommation restreinte. Après les avoir payées 110 et 120 francs l'hectolitre en 1862, puis 90 francs et 80 francs dans la première moitié de 1863, nous les avons achetées à 70, à 65 et à 60 francs dans la seconde moitié de la même année; et enfin en janvier, février, mars et avril 1864, elles étaient offertes à 50 et même à 48 francs l'hectolitre!

Il est une branche de l'éclairage peu connue encore, quoiqu'elle ait donné lieu à des tentatives sans cesse renouvelées, et quoiqu'elle permette d'utiliser les essences. Nous voulons parler de la *naphtalisation* ou de la surcarburation du gaz d'éclairage, employée dans les lanternes publiques de Londres depuis environ deux années, et que la *Photogenie Gas limited Company* exploite avec succès, depuis le mois de juillet 1863.

C'est en vain que les ennemis de la surcarburation ou de la naphtalisation se sont récriés contre les dangers imaginaires de cette opération, pour effrayer les consommateurs ; c'est en vain qu'ils ont prétendu qu'elle formerait promptement des dépôts de condensation dans le tuyautage, qu'on serait obligé de nettoyer à grands frais, etc., etc. L'expérience, d'accord en cela avec le raisonnement, s'est bientôt chargée de prouver l'inexactitude d'une semblable assertion. La similarité et l'analogie des vapeurs d'hydrocarbures légers avec les protocarbures et bicarbures gazeux d'hydrogène, sont si grandes, en effet, qu'il était facile de prévoir que, sous l'action rapide et ventilante du courant d'alimentation, ces vapeurs, naturellement si expansives, resteraient à l'état de mélange intime, sinon de combinaison chimique avec le gaz, même aux plus basses températures.

D'un autre côté, ne voit-on pas employer aujourd'hui les vapeurs de naphte (troisième groupe de notre classification), pour liquéfier et extraire de l'intérieur des conduites à gaz les obstructions de goudron, de naphtaline, et d'autres substances hydrogénées et carbonées, que le gaz y dépose à la longue ?

Si cette nouvelle application des essences de pétrole au nettoyage des tuyaux de gaz n'a pas le mérite de leur ouvrir un important débouché, on ne saurait nier, du moins, l'originalité de cet emploi, qui vient contredire si énergiquement le langage des ennemis de la carburation, car l'effet est d'une efficacité incontestable. Nous l'avons reconnu, et des ingénieurs de chemin de fer, des inspecteurs de l'éclairage au gaz l'ont constaté avec nous, et l'ont consigné dans des rapports d'expertise : la naphtalisation appliquée durant deux mois dans un ensemble de vieux tuyaux en plomb, en partie obstrués par une couche intérieure de matières dures, noirâtres, goudronneuses et naphtalines, avait complétement nettoyé les tuyaux ; les dépôts liquéfiés s'étaient écoulés par des siphons, et avaient rendu l'intérieur des conduites brillant comme du plomb neuf, recouvert d'une légère couche de vernis.

**Huiles légères.** — *Les huiles légères* de notre quatrième groupe sont encore, au moment de la distillation, d'une limpidité assez parfaite. Elles sont fournies par les matières brutes en moindre abondance que les essences. Elles passent en partie avec ces dernières, tandis qu'une autre partie est mêlée aux huiles lampantes, de sorte qu'elles ne sont l'objet d'aucun commerce. Mais une distillation mieux entendue doit les séparer des unes et des autres, pour former un groupe spécial.

Elles pourraient d'ailleurs servir à divers usages industriels, que l'on parviendrait certainement à définir par un examen plus approfondi de leurs propriétés. Dans les climats chauds, par exemple, elles pourraient être appliquées aux mêmes industries que les essences dans les zones tempérées, tandis que dans les contrées froides elles rempliraient parfaitement l'office d'huiles lampantes pour l'éclairage extérieur. Elles peuvent aussi être utilisées dans la peinture par des mains habiles sachant les combiner avec des matières capables de leur donner de la consistance.

Nous croyons donc qu'il n'y aurait pas de grandes difficultés à vaincre pour doter l'art des constructions d'un nouveau procédé de conservation des bois et des métaux, à base d'huile minérale, qui serait d'un prix de revient peu élevé.

Ces huiles servent trop souvent à des sophistications coupables, que nous nous dispenserons d'indiquer ici, afin de n'en pas vulgariser l'emploi.

Les prix des huiles légères sont naturellement cotés dans le commerce entre ceux des essences et ceux des huiles lampantes.

**Huiles lampantes.** — Les séries homologues, que nous réunissons dans le cinquième groupe sous le nom d'*huiles lampantes*, sont sans contredit les produits les plus importants de la distillation des matières carbonées et hydrogénées, soit par leur abondance, soit par leurs usages, soit par leur valeur. Claires et limpides, lorsqu'elles sont fraîchement préparées, elles n'ont pourtant jamais la transparence cristalline des éthers et des esprits.

Elles sont suffisamment connues, et s'écoulent assez régulièrement pour que nous nous dispensions d'entrer à leur égard dans les mêmes développements que pour les groupes précédents.

Il est cependant une remarque importante, sur laquelle nous devons insister, c'est que les huiles lampantes ne jouissent pas toutes du même pouvoir éclairant, c'est-à-dire que pour avoir une quantité de lumière quelconque, égale par exemple à celle que produisent huit bougies de paraffine, il faut brûler une quantité plus considérable des unes que des autres.

La détermination du pouvoir éclairant des huiles, que
nous traitons ailleurs, a donc, au point de vue de l'économie domestique et de leur valeur intrinsèque, une importance qu'il ne faut pas méconnaître. Dès maintenant
nous dirons que, sous ce rapport, et sans tenir compte
des autres propriétés qui doivent ou qui peuvent contre-
balancer cet avantage, les huiles de schiste ou de boghead sont supérieures à celles de pétrole, et que de
ces deux variétés d'huiles achetées au même prix, sous
le même volume, celle-ci est plus chère que celle-là, puisqu'elle produit une moins grande quantité de lumière.
Aussi, malgré l'odeur toujours plus désagréable des huiles
de charbon, elles jouissent constamment d'une légère faveur sur le marché anglais, comme sur le marché américain.

Les cours commerciaux des huiles minérales lampantes
ont été soumis à bien des variations sur notre continent
depuis deux ans, c'est-à-dire depuis que les exportateurs
de New-York et de Liverpool les ont expédiées par
grandes quantités, à destination de tous les ports de l'Europe ; mais le commerce de ces huiles s'est peu à peu ré-
gularisé, et nous avons en conséquence jugé utile de
réunir dans un tableau les différents cours qui se sont
établis pendant l'année commerciale 1863-1864, et qui ont
été relevés sur les documents officiels.

# PRIX MOYENS DES HUILES MINÉRALES, BRUTES OU RAFFINÉES,

## du 1er mars 1863 au 28 février 1864,

### SUR LES MARCHÉS RÉGULATEURS DE L'EUROPE.

| DATES. | HUILES BRUTES, LA TONNE. | | HUILES ÉPURÉES OU DISTILLÉES. | |
|---|---|---|---|---|
| | LIVRES STERLING. | FRANCS ET CENT. | GALLON. | L'HECTOLITRE. |
| 1. | 2. | 3. | 4. | 5. |
| **1863.** | | | | |
| Mars..1er | 10 1/2 à 16 * | 262 50 à 400 * | 2 » à 2 10* | 44 05 à 46 25* |
| » 15 | 9 — 14 | 225 » — 350 » | 1 95 — 2 05 | 42 95 — 45 15 |
| Avril..1er | 9 — 14 1/2 | 225 » — 337 » | 1 95 — 2 05 | 42 95 — 45 15 |
| » 15 | 8 1/2 — 13 | 212 50 — 325 » | 1 95 — 2 10 | 42 95 — 46 25 |
| Mai...1er | 8 — 12 3/4 | 200 » — 317 50 | 2 15 — 2 25 | 47 35 — 49 55 |
| » 15 | 9 — 14 | 225 » — 350 » | 2 15 — 2 30 | 47 35 — 50 66 |
| Juin...1er | 10 — 15 | 250 » — 375 » | 2 25 — 2 35 | 49 50 — 51 76 |
| » 15 | 10 1/2 — 16 | 262 50 — 400 » | 2 35 — 2 50 | 51 76 — 55 06 |
| Juillet.1er | 10 1/2 — 17 | 262 50 — 425 » | 2 35 — 2 60 | 51 76 — 57 26 |
| » 15 | 11 — 19 | 275 » — 475 » | 2 60 — 2 80 | 51 76 — 61 67 |
| Août..1er | 12 — 19 1/2 | 300 » — 487 50 | 2 70 — 2 90 | 59 47 — 63 87 |
| » 15 | 12 — 19 1/2 | 300 » — 487 50 | 2 75 — 2 90 | 60 58 — 63 87 |
| Sept..1er | 11 — 19 | 275 » — 475 » | 2 90 — 2 95 | 63 87 — 64 97 |
| » 15 | 11 — 19 | 275 50 — 475 » | 2 95 — 3 » | 64 97 — 66 08 |
| Octob.1er | 11 — 21 | 275 » — 525 » | 3 » — 3 10 | 66 08 — 68 28 |
| » 15 | 11 — 20 | 275 » — 500 » | 2 90 — 3 » | 63 87 — 66 08 |
| Nov...1er | 11 1/2 — 18 1/2 | 287 50 — 462 50 | 2 60 — 2 70 | 57 26 — 59 47 |
| » 15 | 10 — 17 1/2 | 250 » — 437 50 | 2 40 — 2 50 | 52 85 — 55 06 |
| Déc...1er | 10 — 17 | 250 » — 425 » | 2 40 — 2 50 | 52 85 — 55 06 |
| » 15 | 9 1/2 — 16 1/2 | » » — 412 50 | 2 40 — 2 70 | 52 85 — 59 47 |
| **1864.** | | | | |
| Janv..1er | 9 1/2 — 17 1/2 | 237 50 — 437 50 | 2 50 — 2 80 | 55 06 — 61 67 |
| » 15 | 9 1/2 — 17 | 237 50 — 425 » | 2 40 — 2 80 | 52 85 — 61 67 |
| Févr..1er | 9 1/2 — 17 | 237 50 — 425 » | 2 50 — 2 80 | 55 06 — 61 67 |
| » 15 | 9 — 16 1/2 | 225 » — 412 50 | 2 40 — 2 70 | 52 86 — 59 47 |

* L'écart qu'on remarque dans chaque colonne, entre le prix le plus bas et le prix le plus élevé, tient aux différences de qualités ou de provenance. Ainsi, dans la 3e colonne, on voit qu'au 1er mai 1863 il y avait du pétrole brut du Canada à 262 fr. 50 c. la tonne, tandis qu'il y en avait d'autres de Pensylvanie à 400 francs. La quatrième colonne montre qu'à la date du 1er janvier 1864, il y avait des pétroles raffinés à 2 fr. 50 c. le gallon ou 44 francs l'hectolitre, et qu'il y avait d'autres qualités de pétroles ou d'huiles de charbon dont le prix s'élevait jusqu'à 2 fr. 80 c. le gallon ou à 61 fr. 65 c. l'hectolitre.

**Huiles lourdes.** — En réalité, cette dénomination que nous maintenons, parce qu'elle était déjà adoptée par le commerce, convient également aux séries des deux derniers groupes dont il nous reste à parler.

Celles du sixième groupe, dont l'apparition annonce la fin prochaine de la distillation, sont ordinairement d'un jaune paille, difficile à détruire, même par la rectification.

Les goudrons de houille des usines à gaz, et autres résidus analogues, les contiennent en plus grande quantité que les pétroles et même que les schistes. Mais les pétroles du Canada en renferment plus que ceux des autres parties de l'Amérique.

Ces huiles ont reçu divers emplois qui en rendent le placement assez facile.

D'abord elles sont plus ou moins riches en paraffine, produit d'un prix élevé, qu'on en retire dans diverses proportions telles que 2, 4, 6, jusqu'à 8 et 10 pour 100, selon l'origine des huiles et la manière dont elles ont été traitées.

On les brûlera bientôt, nous en sommes convaincu, et on a même déjà commencé à les brûler, comme celles du cinquième groupe, dans des lampes appropriées à l'éclairage. Elles conviendront à cet usage, surtout en Espagne, en Italie et dans les autres régions chaudes.

L'art de la saponification n'a pas dit son dernier mot, malgré les progrès considérables qu'il a faits depuis quelques années, et nous comptons bien que les savonniers s'empareront tôt ou tard de la partie la plus grasse des huiles minérales qui réside dans les séries des derniers groupes, pour en faire des produits savonneux économiques, si ce n'es de premier choix.

Enfin, les huiles lourdes peuvent servir à la fabrication à bon marché d'un gaz d'éclairage très-riche en pouvoir lumineux.

Leur prix est ordinairement moindre que celui des huiles lampantes de bonne qualité; elles se sont vendues, depuis une année, à raison de 35 à 50 francs l'hectolitre, selon les variations régulatrices de celles-ci, dont les cours entraînent toujours sensiblement ceux des groupes supérieurs ou inférieurs. Cette infériorité de prix, excitant la cupidité des sophisticateurs, est la cause de leur emploi dans des mélanges frauduleux qu'il n'entre pas dans notre plan de décrire, mais bien de prévenir.

**Huiles lubrifiantes**. — Ces huiles, que nous avons classées dans le septième groupe de notre nomenclature, sont lourdes, et ont généralement une coloration d'un jaune plus foncé que les huiles du groupe précédent, dont elles se rapprochent beaucoup; mais leur densité plus grande les en sépare assez pour permettre de ne pas les confondre. Les séries qui composent le groupe que nous étudions sont peu nombreuses et surtout peu abondantes. Elles se confondent, pour ainsi dire, à la fin de la distillation, avec les huiles lourdes et avec les huiles mortes. Beaucoup de fabricants, qui emploient leurs résidus à la fabrication de la graisse noire, s'abstiennent de pousser la distillation jusqu'à leur sortie.

Ce groupe renferme souvent autant, et parfois plus de paraffine que le précédent; quelquefois au contraire il n'en contient pas trace. Cela dépend, comme toujours, des particularités originelles ou extractives et du traitement, sans qu'il soit possible jusqu'ici de définir exactement la cause de ces différences. Ce qu'on trouvera bien plus surprenant encore, c'est que deux opérations conduites de la même façon, sur le même produit, donnent deux résultats différents.

Les huiles de ce groupe peuvent ou pourront être, comme celles du précédent, utilisées pour la saponification et pour la fabrication d'un gaz riche et à bon marché.

On les emploie principalement aujourd'hui au graissage des machines. Les Anglais et les Américains les vendent sous le nom de *lubricating oils* (huiles lubrifiantes), et les mêlent pour cet usage avec l'huile de palme. Mais cette mixture n'est pas heureuse; la différence de nature et de densité des deux produits ne permet pas un mélange intime et permanent de leurs molécules, et si l'on soumet à plusieurs reprises le composé à une température un peu élevée, qui en favorise l'oxydation, on voit les deux huiles se séparer et se superposer dans la bouteille qui les contient, en même temps qu'une réaction chimique les colore en jaune orangé d'abord, ensuite en rouge pâle, puis en rouge brun, etc.

A l'état pur, leur prix ne dépasse guère celui des huiles lourdes ordinaires ou celui des huiles lampantes; mais leur mixture avec l'huile de palme l'augmente dans la proportion suivant laquelle on fait entrer cette dernière dans le mélange.

La division ou, si l'on veut, les groupements que nous avons proposés à l'adoption des manufacturiers, et surtout les usages que nous avons indiqués pour l'application de chacun d'eux, supposent des distillations faites avec soin, une séparation des séries assez attentive pour que toute partie lourde entraînée mécaniquement avec des vapeurs plus légères en soit consciencieusement isolée. Ce travail peut s'opérer d'une seule fois ou en plusieurs distillations, par des procédés dont la description serait inopportune ici, mais dont nous parlerons au chapitre de la rectification.

Ajoutons, en terminant, que s'il est indispensable de séparer les séries d'un même produit, il n'importe pas moins de ne pas mêler les produits de deux ou plusieurs provenances, n'ayant pas une complète similitude, quand même ils seraient de densités semblables, tels par exemple que ceux du pétrole avec ceux du boghead, ceux du schiste avec ceux du bitume ou de la tourbe, etc.

La raison en est simple et se déduira facilement de tout ce qui précède, quand on réfléchira que la volatilité n'est pas toujours en rapport avec la densité. C'est ce qui arrive pour les huiles de boghead et celles de pétrole, ces dernières exigeant une température plus élevée pour se volatiliser, parce que leur point d'ébullition est lui-même plus élevé.

# CHAPITRE III.



EXPLOSIONS DANS LES LAMPES.

Dangers des huiles minérales; fréquentes explosions et accidents graves. — Recherches de leurs causes, intervention simultanée de la science et de l'art. — Perfectionnements introduits dans la fabrication des lampes. — Dispositions et qualités essentielles des bonnes lampes, etc.

On a lu souvent, dans les publications périodiques, le récit d'accidents dus à l'inflammation et à l'explosion des huiles de schiste ou de pétrole dans les lampes, — accidents déplorables, tels qu'incendies, blessures, et mort même de nombreuses victimes (1).

Le public, qui ne sait pas combien il est facile de prévenir ces malheurs, s'est effrayé, non sans raison, du danger apparent de ces huiles. Cette crainte, habilement entretenue, propagée et exploitée par des intérêts rivaux,

(1) La plus terrible catastrophe qu'on ait eu à enregistrer par suite de l'inflammation accidentelle ou de l'explosion des huiles minérales est arrivée à Santiago, capitale du Chili, le 8 décembre 1863: dans l'une des églises de cette ville, 2,000 personnes ont été brûlées vives.

a certainement empêché beaucoup de personnes d'en introduire l'usage économique dans leurs appartements.

On s'est demandé si ces causes étaient tellement inhérentes à la nature des huiles minérales, qu'il fallût, dans l'intérêt de l'hygiène et de la sécurité, en limiter l'emploi à l'éclairage des voies publiques, et en interdire rigoureusement l'usage dans les habitations; ou bien si la science et l'art, luttant de zèle et d'efforts, ne pourraient pas faire disparaître tout danger et permettre à la masse intelligente de la population de jouir librement des avantages économiques de l'éclairage minéral.

La science a porté ses investigations sur les huiles mêmes. Elle a cherché à en modifier la nature ou les propriétés. L'art de son côté s'est attaché à perfectionner la forme et la disposition des lampes, à les approprier à la combustion des huiles minérales, et à diminuer en même temps les chances d'explosion et les causes de fumée et d'odeur désagréables, qui les ont éloignées et les éloignent encore des salons. L'une et l'autre, en suivant la voie qui leur était naturelle, ont accompli des progrès incontestables, dont leur sont redevables le public et le commerce, et que nous passerons successivement en revue pour démontrer qu'avec les précautions nécessaires tout danger disparaît effectivement.

Les huiles minérales ne sont pas fulminantes; leur inflammation et leur explosion dans les lampes sont nécessairement le résultat de l'une des deux causes suivantes : introduction de la flamme dans le récipient placé au-dessous de la mèche, ou formation au-dessus de l'huile d'une atmosphère de vapeurs que leur accumulation et leur élasticité compriment au point de faire éclater le vase, si elles ne trouvent pas d'issue pour s'échapper et se détendre.

Plus la disposition du bec sera favorable à l'introduction de la flamme ou à l'accumulation des vapeurs, plus la lampe sera dangereuse. Au contraire, si le fourreau de la mèche et les courants d'air sont disposés de façon à rendre impossibles la pénétration de la flamme et l'accumulation des vapeurs dans le récipient d'huile, aucune inflammation intérieure ne peut avoir lieu, et aucune explosion ne sera à craindre. C'est donc un point capital que de réunir dans la construction de l'appareil les meilleures conditions de combustion et d'inexplosibilité, et de savoir distinguer la lampe qui offre le plus de sécurité dans son emploi.

Nous ne voulons pas que ce chapitre puisse servir de réclame en faveur de telle ou telle maison ; nous ne citerons donc aucun fabricant auquel on doive s'adresser de préférence pour le choix des lampes. Mais nous nous bornerons à recommander à nos lecteurs d'apporter un soin tout particulier à l'examen des becs, en s'assurant si les parties destinées à l'aération de la flamme et à l'issue des vapeurs sont disposées de façon que le feu ne puisse descendre dans l'intérieur, et que les vapeurs ne puissent pas faire explosion. Pour satisfaire de la manière la plus complète à ces conditions, il faudrait que la lampe fût *à niveau constant*, que la gaîne de la mèche fût *en verre*, qu'elle fût percée de trous et qu'elle ne descendit pas assez bas *pour toucher à l'huile*. Avec une pareille lampe, en effet, on pourrait brûler de l'huile relativement légère et volatile, sans plus de danger que si on l'alimentait avec de l'huile de colza.

Les dispositions du bec, malgré leur importance, ne sauraient constituer à elles seules les conditions d'une bonne lampe à pétrole.

Le choix des matières à employer dans la construction de celles qui sont destinées surtout aux huiles légères mérite une attention toute particulière, car la conductibilité plus ou moins grande de ces matières pour la chaleur a une influence incontestable sur la fréquence et la gravité des accidents.

Une huile, quelles que soient au surplus sa nature et sa densité, devient d'autant plus inflammable et explosive, qu'elle est chauffée davantage. Ce principe une fois posé, on comprendra facilement que l'huile du récipient affluera en plus ou moins grande abondance vers le bec de la lampe, et s'enflammera plus ou moins facilement, selon que ce bec et par suite la flamme seront plus ou moins rapprochés du réservoir; et aussi selon que la matière dont la lampe sera construite sera un meilleur ou un moins bon conducteur du calorique.

Ajoutons enfin que la forme et les dispositions du vase servant de réservoir ou de récipient ne doivent pas être négligées.

En effet, avec les dispositions ordinaires des lampes Carcel et des lampes modérateur, la quantité d'huile qui arrive au bec est toujours égale et produit une lumière constante ; ce résultat est obtenu grâce à un ressort à pression régulière qui élève l'huile toujours en égale quantité ; on peut donc maintenir le réservoir à une distance du bec relativement grande et donner ainsi aux lampes des formes élégantes en allongeant leur col. Mais dans les lampes destinées à la consommation des huiles minérales, il n'y a ni mécanisme ni ressort qui puisse faire monter l'huile dans la mèche. La capillarité est le seul moteur qui l'y élève.

Or la capillarité a des limites ; elle ne s'exerce pas à une distance indéfinie. Son action est d'autant plus puissante que le liquide est plus léger, et que la longueur de la mèche à parcourir est moindre. Cette loi est facile à vérifier : ainsi avec les lampes à schiste ou à pétrole dont le réservoir est allongé et étroit, on remarque que, lorsque la lampe est pleine, l'huile abonde à la mèche et fournit une lumière éclatante; tandis qu'à mesure que l'huile baisse, la mèche, étant de moins en moins imbibée, se carbonise davantage, et produit moins de lumière. Il est donc nécessaire que les lampes destinées à brûler l'huile minérale aient le col court. Ainsi le modèle ci-contre (fig. 2) est un des moins favorables que l'on puisse choisir, la partie large du réservoir étant trop éloignée du foyer.

La figure 3 représenterait au contraire la meilleure disposition d'ensemble, parce que le réservoir à huile étant large et aplati, la différence de niveau résultant de la consommation est peu sensible. L'huile dans ce cas est toujours rapprochée du foyer d'ignition.

Mais cette proximité du récipient et de la mèche présente elle-même un inconvénient : lorsque la lampe est pleine, l'huile, soumise trop immédiatement à l'action de la chaleur, devient plus légère, plus inflammable, plus volatile, surtout si elle n'est pas entièrement privée des parties spiritueuses, et elle afflue avec abondance vers le bec, sous l'action capillaire; la lampe alors éclaire davantage, mais elle a des tendances à fumer.

Il y a donc un juste milieu à observer dans la longueur du col du récipient. La distance moyenne entre la flamme

et le niveau de l'huile est de 7 à 8 centimètres, pour les huiles ordinaires, à une densité voisine de 0,8.

En nous résumant et en ajoutant quelques idées nouvelles, nous dirons :

1º Que, dans la construction du [bec, toutes les pièces

doivent être ajustées et rivées sans soudure, car celle-ci, fondant presque toujours dans les moments où l'huile tire à sa fin, désorganise la lampe, et crée un véritable danger d'explosion par sa chute, à l'état de fusion, dans l'intérieur du réservoir;

2° Que les lampes en verre, en cristal, ou en toute autre matière vitrifiée, sont moins susceptibles que celles en métal de communiquer la chaleur de la flamme au récipient, et qu'elles provoquent par conséquent moins d'explosions;

3° Que, dans ces mêmes lampes, la gaîne de la mèche, qu'on fait ordinairement en cuivre pour la facilité du travail, devrait être aussi en porcelaine, en verre ou en matière vitrifiée (et c'est là un perfectionnement que nous recommandons aux lampistes);

4° Que le réservoir d'huile doit être assez éloigné du foyer pour que la chaleur ne s'y communique pas trop facilement, et assez rapproché de lui pour que l'action capillaire alimente suffisamment la combustion : nous avons dit que la distance moyenne doit être de 7 à 8 centimètres;

5° Que la forme de ce récipient doit être plutôt écrasée qu'élevée, afin de rendre moins sensible la différence de niveau résultant de la consommation de l'huile;

6° Qu'enfin la meilleure lampe pour brûler les huiles minérales serait celle qu'on établirait de façon à maintenir l'huile toujours au même niveau, soit en basant ce niveau constant sur la pression atmosphérique, soit en l'obtenant par divers autres moyens mécaniques.

On a cherché assez longtemps quelles formes devaient

être données aux becs et aux mèches, avant de s'arrêter à la forme plate qui a prévalu chez les Américains, et qu'ils ont fait adopter en Europe. Les lampes à 'mèche ronde surmontée d'un disque métallique ont été abandonnées par le plus grand nombre des consommateurs, soit parce que les lampes à mèche plate sont d'un prix moins élevé, soit parce que l'ajustement de la mèche est plus facile dans ces dernières. Il est pourtant aisé de s'assurer que les mèches plates ne peuvent pas produire une lumière aussi intense et aussi vive que les mèches rondes. Aussi a-t-on tenté de revenir à celles-ci pour l'usage du pétrole; des brevets même ont été récemment pris pour cet objet. Mais les mêmes raisons qui les ont déjà fait abandonner s'opposeront probablement encore à leur succès.

Nous avons dit précédemment que plus l'huile est échauffée, plus active et plus complète est la combustion. Ajoutons encore que plus la combustion est complète, plus il y a de lumière dégagée, et moins de fumée produite. Or, ne pouvant échauffer l'huile dans la lampe sans s'exposer aux dangers que nous avons signalés, on doit rechercher dans la conformation du bec toutes les conditions qui peuvent favoriser l'échauffement et la vaporisation du liquide, car ce n'est point à l'état fluide, mais à l'état de vapeur seulement, que l'huile s'enflamme et brûle.

C'est pour arriver à ce résultat essentiel, qu'après bien des tâtonnements on est parvenu à perfectionner les lampes dites américaines, en recouvrant le bec d'une capsule ou olive hémisphérique fendue en amande dans le sens de la mèche. La chaleur de cette capsule prépare à la combustion l'huile amenée dans la mèche par la capillarité ; cette huile vaporisée et poussée dans l'ouverture étroite, s'enflammant au-dessous de la capsule et brûlant au-dessus d'elle, porte ainsi la température de cet appendice à un très-haut degré.

La hauteur de cette capsule, son épaisseur métallique, la longueur et la largeur proportionnelle de sa fente ont une importance qui n'a point été assez étudiée par les fabricants. Les lampistes, il faut bien le dire, n'ont pas tous au même degré l'intelligence de leur état ; et dans la plupart des cas ils se copient les uns les autres, sans se rendre compte des imperfections du modèle qu'ils imitent, et sans en corriger par conséquent les défauts. Ils les aggravent même quelquefois en changeant sa forme ou ses proportions, dans le but de donner à leurs produits un cachet spécial de fabrication.

Nous n'avons pas la prétention de vouloir enseigner, dans ce Traité, leur état aux fabricants de lampes ; mais en nous basant sur le raisonnement et sur l'expérience, nous livrerons à leurs méditations les remarques suivantes : — Si la capsule est trop mince, elle ne réchauffe pas assez le foyer de combustion ; si elle est trop basse, la flamme ne peut pas pénétrer au-dessous d'elle pour vaporiser le liquide à l'extrémité de la mèche ; si son ouverture est trop courte, la flamme ne peut s'épanouir en éventail, etc, etc.

Il y aurait encore des observations à faire sur la galerie qui porte le verre, sur la manière de la découper, sur les trous percés à la base du cône et sur le volume d'air introduit pour aérer la flamme ; celle-ci fume en effet et sent mauvais, si les trous sont trop grands ou trop nombreux ; elle ne brûle pas à blanc et n'éclaire pas bien, si l'air manque, etc., etc. Mais en attendant que ces détails trouvent leur place dans notre *Manuel de l'éclairage minéral*, nous pensons qu'il suffit de signaler ces points importants à l'attention des lampistes pour qu'ils les étudient avec soin.

C'est aussi dans le but de réchauffer davantage le sommet de la mèche, qu'on applique aux lampes un verre ou une cheminée. Ce verre a pour résultat d'empêcher le contact trop refroidissant de l'air extérieur, de concentrer la chaleur dans un étroit espace, et d'augmenter en même temps la vitesse du tirage. Le courant d'air qui arrive au-dessous de la flamme s'y échauffe, cède une partie de son oxygène, devient plus léger et entraîne rapidement les gaz incombustibles et les vapeurs d'eau qui résultent de toute combustion. La forme de ces cheminées est connue de tout le monde : cylindriques à la base et renflées en face de la flamme, elles se terminent en cône tronqué, pour mieux concentrer la chaleur sur le foyer, au moyen de la réflexion parabolique des rayons. Cependant, en 1863, il a été pris des brevets en France pour une forme de verres aplatis au point de renflement, de manière à maintenir plus uniformément les parois intérieures de la cheminée à égale distance de la flamme. Cette modification est rationnelle pour les lampes à mèche plate, et elle a pour résultat de provoquer une égale dilatation du verre dans toutes ses parties, et d'en diminuer les chances de bris.

On a fait, en Angleterre, un système de porte-verre à bascule, représenté par la figure 4, qui offre l'avantage de dispenser de toucher la cheminée avec les mains, lorsqu'on veut allumer la lampe.

De tout ce qui vient d'être dit sur l'utilité d'échauffer les molécules de carbone contenues dans l'hydrocarbure minéral, pour les faire passer promptement au rouge, il résulte clairement que la concentration du calorique par

Fig. 4.

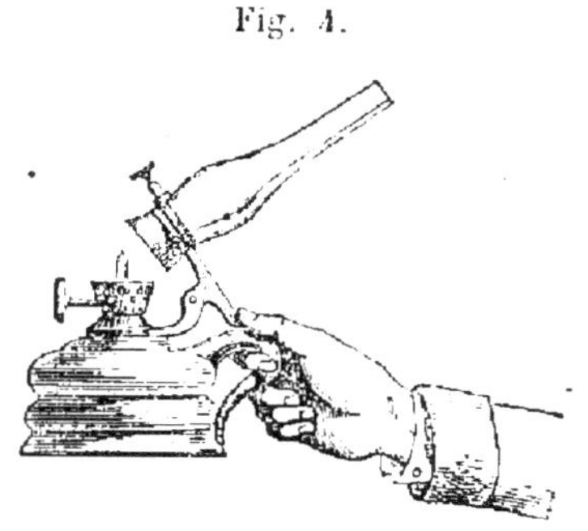

l'action de la cheminée en verre est une nécessité à laquelle on ne saurait se soustraire sans voir apparaître deux inconvénients graves, l'odeur et la fumée ; les prétendues inventions de lampes brûlant sans verre, dont on fait grand bruit, sont donc simplement un leurre dont le public doit se défier. Telle sera du moins notre opinion, jusqu'à ce que le contraire nous soit démontré.

# CHAPITRE IV.

## CARACTÈRES DISTINCTIFS DES BONNES HUILES.

Embarras actuels des commerçants pour distinguer les mauvaises des
bonnes huiles. — Caractères distinctifs des unes et des autres. —
Conséquences des mélanges, des mixtures et de la mauvaise préparation des huiles. — Culpabilité volontaire de quelques manufacturiers. — Nécessité d'un contrôle, etc.

———

Nous avons vu précédemment comment on peut atté-
nuer les chances d'explosion des huiles minérales, en
perfectionnant les lampes destinées à leur combustion.
Mais les précautions que nous avons indiquées, bien
qu'excellentes en elles-mêmes, ne sont ni les seuls ni les
plus sûrs moyens d'éviter les accidents; il en est d'autres
plus certains et plus directs qui consistent à distinguer
les huiles bonnes et consciencieusement épurées, de celles
que l'ignorance ou la cupidité livre au commerce sans les
soumettre préalablement aux opérations qui les rendent
inoffensives.

Très-peu de personnes en France connaissent des procédés simples et faciles pour *essayer* les huiles, de manière à pouvoir en juger les qualités et la valeur sur
échantillon. Des procès jugés à Londres, à la fin de l'année 1863, ont prouvé du reste que de l'autre côté de la

Manche on n'était pas plus avancé sous ce rapport, bien qu'il s'y fasse un commerce beaucoup plus considérable de ces produits. Des négociants, qui se prétendaient lésés et trompés dans la qualité de la marchandise, avaient introduit devant les tribunaux des instances en demande de résiliation de contrats et en payement de dommages-intérêts. Un jury *ad hoc* fut composé d'hommes spéciaux; des échantillons furent produits à l'audience et remis à des experts que le tribunal devait supposer parfaitement compétents. Enfin des rapports d'arbitres furent entendus, desquels il ressortait clairement qu'experts et arbitres ne pouvaient se mettre d'accord sur les caractères essentiels de ce qu'on appelle vaguement *qualité marchande*, et la sentence des juges dut nécessairement se ressentir de l'obscurité dans laquelle la cause était restée enveloppée.

Un *criterium* pratique a donc manqué jusqu'à ce jour dans cette nouvelle branche d'industrie, et c'est ce *criterium* que nous avons intention de créer et de développer, afin qu'en toutes circonstances les conseils de salubrité, les agents des douanes, les arbitres du commerce et les membres des tribunaux puissent, aussi bien que le manufacturier et le simple débitant, reconnaître si les huiles ont été sophistiquées ou mal préparées, si elles sont inflammables à une trop basse température, si elles sont explosibles ou ne le sont pas, etc., etc.

Quels sont les caractères distinctifs et les qualités constitutives de la bonne huile lampante?

Telle est la première question qui se présente naturellement à la pensée et qu'il faut résoudre d'abord.

Pour être irréprochable, l'huile minérale à l'usage des lampes doit être : 1° *incolore* ou très-légèrement teintée; 2° à peu près *inodore*, au moins en brûlant; 3° *non inflammable* à l'air libre et au contact du feu au-dessous d'une température de 45 à 50 degrés centigrades pour les climats froids, de 55 à 60 degrés pour les climats tempérés, et de 70 à 75 degrés pour les climats chauds ; 4° complétement privée des parties spiritueuses ou essentielles que contiennent tous les hydrocarbures minéraux.

Toute huile qui ne réunit pas ces conditions devrait être impitoyablement proscrite pour l'usage des habitations, comme étant plus ou moins dangereuse, selon qu'un seul ou plusieurs de ces caractères lui font défaut.

1° *Couleur*. — Après la seconde distillation, les huiles sont ordinairement incolores. Mais deux causes peuvent contribuer à les teinter ensuite : leur séjour dans des fûts en bois, ou leur oxydation au contact de l'air, si elles sont susceptibles d'en absorber l'oxygène. L'œil est le seul instrument pour juger de la coloration. La matière colorante provenant du bois par infusion, n'étant pas combustible, s'accumule à la longue dans la mèche, l'empâte, la fait carboniser et fumer : la coloration est donc un défaut.

2° *Odeur*. — L'odeur peut être due à la présence de corps étrangers tenus en dissolution ou en suspension dans l'huile; il importe de les éliminer, non-seulement à cause de l'impression désagréable qu'ils font éprouver à l'odorat et de l'irritation qu'ils produisent sur le cerveau, mais aussi parce que ces corps étrangers, étant ordinairement plus lourds et moins volatils que l'huile moyenne, se concentrent dans la partie non brûlée; de telle sorte que si on remplit plusieurs fois la lampe sans la vider complétement, le contenu du récipient devient chaque jour plus infect.

3° *Inflammabilité*. — Les accidents d'inflammation et d'incendie résultent principalement de ce que les huiles livrées au commerce sont susceptibles d'entrer en ignition à une basse température, comme les essences dont elles ne sont pas assez purgées. Pour diminuer la gravité de ces accidents, le parlement anglais a limité à 40 gallons ou 180 litres les approvisionnements conservés dans l'intérieur des villes, et il a de plus exigé que les huiles vendues au détail fussent préparées de manière à ne pouvoir s'enflammer au-dessous de 50 à 60 degrés centigrades.

Avec ces précautions, les risques d'incendie sont amoindris, car les magasins de détail sont maintenus, hiver comme été, à une température qui ne dépasse pas 25 à 30 degrés; et dans tous les cas, les dangers seraient moindres qu'avec les alcools, les vernis et les essences, qui sont bien plus inflammables, et dont on ne songe pourtant pas à interdire le séjour dans les magasins.

4° *Explosibilité*. — Ainsi que nous l'avons dit, les huiles minérales fournissent à la distillation des séries indéfinies de produits, qui malgré leur analogie diffèrent par leur composition, par leur densité et par leur volatilité. Si un mélange de ces diverses substances est introduit dans une lampe, non-seulement il ne procure pas un bon éclairage, mais encore il expose à des dangers sérieux. Supposons en effet qu'on vienne d'allumer la lampe : la chaleur se communiquera plus ou moins à la surface du liquide et activera le dégagement, sous forme de vapeurs.

4.

des parties légères. Celles-ci pourront venir augmenter la flamme, si un passage a été ménagé pour en diriger la sortie par la mèche ; mais si le dégagement est trop considérable ou trop rapide, si la sortie pour un motif quelconque est retardée, les vapeurs s'accumuleront et feront éclater le vase.

On ne saurait donc trop insister sur ce point, que l'huile minérale lampante doit être le plus soigneusement possible débarrassée des séries légères, qui passent les premières à la distillation.

Malheureusement, des fabricants ne craignent pas de livrer des huiles mixtées et dangereuses, pour réaliser des bénéfices illicites qu'il est bien facile d'expliquer.

Voici, en effet, ce qui se passe :

Les huiles lampantes se tiennent à un bon prix marchand, qui permet aux distillateurs de réaliser des bénéfices, leur écoulement étant certain.

Les essences, au contraire, n'ont point trouvé jusqu'à ce jour un emploi régulier ; car les débouchés manquent à ce produit dangereux à loger, en raison de son inflammabilité, et onéreux à conserver à cause du déchet résultant de sa grande volatilité. On n'en trouve donc que difficilement le placement, et encore faut-il se résoudre à le vendre à bas prix ; tandis qu'en le laissant dans les huiles, ou en l'ajoutant à celles qui en ont été privées, on l'écoule au même prix que les huiles lampantes, au risque, il est vrai, d'occasionner les plus graves inconvénients. Ainsi nous connaissons certains fabricants qui distillent des huiles lourdes de schiste ou de goudron à bon marché, et qui, sans s'inquiéter le moins du monde de la santé et de la sécurité publiques, achètent au Hâvre ou en Angleterre des quantités considérables d'essences de pétrole, pour les mêler à ces huiles, qu'ils vendent avec un rabais de 5 ou 10 centimes par litre à des débitants dont ils trahissent la confiance et qu'ils exposent aux plus graves périls, ainsi que les consommateurs auxquels ces mélanges sont vendus de bonne foi! C'est là une source de bénéfices illicites trop dangereuse dans ses conséquences pour que nous ne la signalions pas à l'indignation des honnêtes gens, à l'attention des négociants et à la surveillance de l'autorité.

Il résulte des détails dans lesquels nous sommes entré, que les huiles de pétrole n'offrent de dangers réels que lorsqu'elles sont mal préparées. La conclusion naturelle, c'est qu'il est indispensable, au moins dans le principe, que l'administration contrôle la qualité des huiles minérales mises à la disposition du public ou des débitants, et empêche leur vente lorsqu'elles sont mal épurées, de même qu'elle met obstacle à la falsification des denrées alimentaires et autres substances.

Nous désirons d'autant plus ce contrôle que, faute d'avoir une garantie contre la fraude et contre les accidents, on a cherché dans quelques villes à arrêter la consommation des huiles minérales par des mesures de police trop absolues, ou par des droits d'octroi écrasants.

Tout en comprenant les motifs qui, dans l'état actuel, ont inspiré ces mesures, nous regrettons vivement qu'on ait été amené à les prendre, car elles jettent un discrédit fâcheux sur un objet de consommation qui dès à présent rend de véritables services au public, dont le bas prix fait réaliser des économies incontestables dans l'éclairage des ateliers, et auquel enfin notre commerce maritime et nos revenus douaniers doivent une partie de la prospérité accusée par les relevés statistiques.

Sans nous arrêter à la question de savoir si les accidents dus à l'emploi des huiles minérales n'ont pas été exagérés et exploités dans un but facile à comprendre, nous ferons remarquer que ces huiles sont bien moins inflammables, bien moins explosibles, et bien plus faciles à contenir et à manier que le gaz hydrogène introduit dans toutes les maisons; personne pourtant ne demande aujourd'hui la suppression de celui-ci. Au début de l'application de ce gaz à l'éclairage, il arriva également beaucoup d'accidents; mais l'intervention de l'administration et les progrès que l'expérience fit faire à l'éducation publique finirent par calmer les justes appréhensions qu'il avait fait naître, et l'on doit même s'étonner que, dans les villes comme Paris et Londres, assises sur des volcans d'hydrogène, les explosions soient devenues aussi rares !

Il en sera de même des huiles de pétrole, lorsque la connaissance de leurs propriétés aura été vulgarisée, que leur fabrication sera mise à l'abri de la fraude par un contrôle sérieux, et que l'attention publique aura été éveillée sur les imprudences qui sont la cause du plus grand nombre des accidents.

# CHAPITRE V.

## DENSITÉ DES HUILES.

Les quatre points à considérer pour distinguer les qualités et la valeur
des hydrocarbures. — Poids absolu et poids spécifique. — Manière
de les déterminer. — Erreurs et incertitude des instruments vulgaires.
— Les pèse-huile *Mongruel*. — Moyen d'en vérifier l'exactitude. —
Température moyenne des pesées.

---

Quatre points sont à considérer pour prononcer avec
certitude sur la qualité, la valeur et l'appropriation
des huiles; ce sont : la *densité*, le *degré d'ignition* ou
*d'inflammation*, le *point d'ébullition* et la *richesse du
pouvoir éclairant*. Nous nous occuperons spécialement
de la densité dans ce chapitre.

**Poids absolu et poids spécifique ou densité.** —
Le poids absolu d'un corps est le résultat de l'action de la
pesanteur sur ce corps, exprimé sans avoir égard à son
volume. Dans ce sens, 1 kilogramme de liége est aussi
lourd que 1 kilogramme de plomb : les deux masses
pèsent également 1000 grammes. Mais si l'on tient compte
du volume, c'est autre chose : il est évident qu'un mor-

ceau de liége, d'un décimètre cube par exemple, est moins lourd qu'un décimètre cube de plomb, et dans ce dernier sens, c'est de la *densité* qu'il s'agit.

La densité absolue d'un corps est la quantité réelle de matière qu'il contient sous l'unité de volume. On ne peut dire quelle est cette quantité ; mais on peut déterminer la densité relative, c'est-à-dire la quantité de matière qu'il contient, à volume égal, par rapport à un autre corps pris pour terme de comparaison ou pour unité. Ce corps, pour les solides et les liquides, est l'eau distillée à 4 degrés au-dessus de zéro. Par conséquent, lorsqu'on dit que la densité de l'or est 19, cela signifie que, sous le même volume, ce métal contient 19 fois plus de matière que l'eau.

Le poids spécifique d'un corps est le rapport de son poids sous un certain volume avec celui d'un égal volume d'eau distillée. Par conséquent, si l'on dit que le poids spécifique de l'or est 19, cela signifie qu'à volume égal l'or pèse 19 fois plus que l'eau.

Le poids des corps est, à volume égal, proportionnel à la quantité de matière qu'ils renferment, et par suite, si un corps contient deux, trois fois plus de matière que l'eau, il est deux, trois fois plus pesant qu'elle. Il en résulte que sa densité relative étant représentée par 2 ou 3, sa pesanteur spécifique sera également 2 ou 3.

On peut dire d'une manière générale que la densité relative et la pesanteur spécifique sont représentées par les mêmes nombres. C'est pourquoi ces deux expressions sont souvent considérées comme équivalentes et employées l'une pour l'autre. Ajoutons de plus que, dans la pratique, lorsqu'on parle de la densité, il s'agit toujours de la densité relative.

L'eau étant prise pour terme de comparaison, sa densité sera représentée par 1. Un litre d'eau pesant 1 kilogramme, si un litre d'huile pèse $0^{kil},8$, le rapport du poids de l'huile à celui de l'eau sera représenté par 0,8 ; et par conséquent la densité de l'huile sera 0,8, ce nombre pouvant du reste s'écrire indifféremment 0,80 ou 0,800.

La densité des huiles est un point qu'il importe beaucoup de bien connaître et de savoir déterminer, parce qu'elle est en quelque sorte l'indice de leur prix et de l'usage auquel elles sont propres. On pourrait dire que la densité est aux huiles minérales ce que la pierre de touche est aux bijoux. C'est par elle qu'on préjuge leur richesse relative, comme c'est par elle qu'on pressent leur volatilité, leur inflammabilité, leur explosibilité, et leur classement dans tel ou tel groupe de notre nomenclature marchande. C'est parce que nous considérons cette question comme étant l'une des plus intéressantes et des plus utiles à étudier pour le commerçant, que nous la traitons avec tous les développements qu'elle comporte. Elle est d'ailleurs la base de la méthode que nous enseignons pour déterminer, sur simple échantillon, les qualités et la valeur des huiles.

**Essai du poids spécifique par la pesée.** — Pour déterminer le poids spécifique d'un corps par la pesée, on prend une mesure d'une contenance connue, d'un demi-litre par exemple. On place cette mesure dans le plateau d'une balance sensible ; on lui fait équilibre en mettant dans l'autre plateau de la grenaille de plomb, des clous, ou tout autre poids. On remplit ensuite la mesure du liquide dont on cherche la densité, et que nous supposerons être de l'huile. Enfin on ajoute dans le plateau opposé des poids marqués, jusqu'à ce que le fléau de la balance devienne horizontal.

Admettons qu'on ait dû mettre ainsi 415 grammes. Le poids absolu du demi-litre d'huile sera 415 grammes, et par conséquent 1 litre pèsera 830 grammes, ce qui s'écrit $0^{kil},830$, en prenant le kilogramme pour unité. Le poids de 1 litre d'eau est 1 kilogramme. Le rapport de ces deux poids, qui est précisément représenté par le nombre 0,830, est le poids spécifique ou la densité de l'huile.

Nous en concluons immédiatement, d'après ce que nous savons de la moyenne de densité des huiles lampantes : 1° que cette huile doit être classée dans le sixième groupe de notre nomenclature; 2° que, par conséquent, elle n'appartient point au groupe des huiles lampantes, et qu'elle ne peut en avoir ni les qualités ni la valeur; 3° qu'étant trop lourde, elle ne monterait pas assez abondamment dans la mèche, et qu'elle donnerait un mauvais éclairage. Donc, si elle a été présentée comme huile lampante, elle doit être rejetée après ce premier essai, sans qu'il soit besoin de procéder à un second examen.

Mais il arrive souvent qu'on doit juger une marchandise sur un échantillon très-peu volumineux. Aussi, on doit se procurer une éprouvette graduée en centilitres, depuis 1 jusqu'à 10 (fig. 5), afin de pouvoir y peser exactement les échantillons, quelque petit qu'en soit le volume. Pratiquement, voici comment il faut procéder d'après la même méthode pour déterminer, dans ce cas, la densité de l'huile proposée à la vente ou à l'achat.

On tare l'éprouvette sur la balance, et on y verse le con-

tenu de l'échantillon, qui s'élève, par exemple, jusqu'au
point situé entre les divisions 8 et 9. On prend alors une
pipette à bout recourbé, dont on place le bout supérieur
**A** dans la bouche, et la pointe **D** dans le liquide; on as-

Fig. 5.

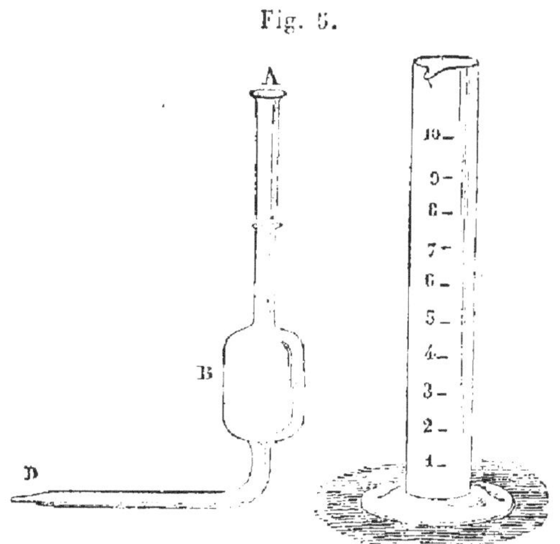

pire l'huile dans le renflement B, jusqu'à ce que le niveau
s'arrête exactement à une des divisions de l'éprouvette,
qui sera la division 8 dans le cas actuel.

On pèse l'huile ainsi contenue dans l'éprouvette, et on
trouve le poids qui sera par exemple 64 grammes, et que
l'on écrit $0^{kil},064$, en prenant le kilogramme pour unité.
Cette expérience montrant que 8 centilitres pèsent $0^{kil},064$,
on en conclut que 1 centilitre pèse 8 fois moins ou $0^{kil},008$,
et 1 litre 100 fois plus ou $0^{kil},8$. Le rapport de ce poids au
poids d'un litre d'eau, qui est 1 kilogramme, est représenté par le nombre 0,8 qui est précisément le poids spécifique de l'huile.

On peut résumer d'une manière générale ce calcul :

Écrire le poids de l'huile de l'éprouvette en prenant le kilogramme pour unité, diviser ce nombre par le chiffre de l'éprouvette près duquel vient affleurer l'huile, et reculer ensuite la virgule de deux rangs vers la droite.

**Usage du densimètre pour déterminer le poids des huiles.** — La méthode des pesées que nous venons d'indiquer est juste et donne exactement le poids des huiles, si on opère avec soin. Ce serait donc toujours à

elle qu'il faudrait recourir, si l'on tenait absolument à une grande précision. Mais elle est un peu lente, minutieuse, et elle suppose qu'on a sous la main des poids, une balance, etc. Dans la pratique, on détermine généralement la densité au moyen d'un instrument appelé *densimètre* ou *pèse-huile*, qui permet d'opérer rapidement et qui donne des résultats moins précis, mais suffisamment exacts pourvu que l'instrument soit bien construit.

Le densimètre (fig. 6) est un instrument en verre, composé à sa base d'une petite boule que l'on remplit de mercure ou de grenaille de plomb, pour lui servir de lest; d'un renflement rempli d'air M destiné à l'alléger; et enfin d'un tube creux et droit, formant sa tige AB. Le lest est maintenu à sa place, dans la petite boule, par un étranglement du tube qu'on bourre de coton quand le lest est en menus grains de plomb, mais qu'on ferme tout à fait quand il est en mercure. Dans la tige du tube AB, on place une échelle graduée en divisions décimales qui représentent des fractions de la densité type, c'est-à-dire de la densité de l'eau.

Nous ne pouvons entrer ici dans les détails de la construction de cet instrument, mais nous indiquerons au moins le principe sur lequel il est fondé.

On sait qu'un corps flottant, plongé dans un liquide, s'y enfonce d'autant plus que ce liquide est moins dense. Pour parler plus exactement, il s'y enfonce jusqu'à ce qu'il déplace un volume de liquide dont le poids soit égal à son propre poids.

Supposons que des vases séparés contiennent des liquides dont les densités différentes 0,9, 0,8, 0,7, etc., aient été déterminées à l'avance par la méthode des pesées, et plongeons successivement le densimètre dans ces liquides : il s'y enfoncera de quantités différentes, et par suite les liquides viendront affleurer à des hauteurs inégales de la tige. Nous marquerons 9, 8, 7, etc., sur la tige aux divers points d'affleurement.

Si un densimètre ainsi gradué est plongé dans un liquide de densité inconnue, et si le liquide vient affleurer à la division 7, nous en conclurons immédiatement que la densité de ce liquide est 0,7.

Tel est le principe sur lequel repose la construction du densimètre ; et rien de plus facile, comme on le voit, que l'emploi de cet instrument.

Au lieu de marquer 9, 8, 7... sur les divisions, on écrit quelquefois 90, 80, 70... ou même 900, 800, 700... ; mais peu importe, il suffit de se rappeler qu'en plaçant un zéro et une virgule (0,) à la gauche du nombre de la division, on a la densité du liquide.

Quand on veut une plus grande exactitude, on divise en

dix parties égales l'espace qui se trouve entre deux divisions principales; et on a ainsi, entre les divisions 70 et 80 par exemple, neuf divisions 71, 72,..., 79. Si le liquide affleure à la division 79, on en conclut que la densité de ce liquide est 0,79.

Les densimètres sont certainement des appareils très-commodes dans la pratique, parce qu'on peut toujours les porter dans la poche et les avoir sur soi à chaque instant. Mais ce dont nous devons prévenir nos lecteurs, c'est que le plus grand nombre de ces instruments, faits par des ouvriers en verre qui n'ont pas les moindres notions des sciences physiques et mathématiques, donnent généralement des indications inexactes et induisent en erreur les personnes qui s'en servent.

Voici un fait qui nous est arrivé personnellement, et dont le récit servira à mettre en garde contre l'emploi hasardeux des densimètres de pacotille. Au mois de juillet 1863, on nous présenta un échantillon d'esprit de schiste, pour l'usage de la *Photogenic gas Company* de Londres. Soumis à l'épreuve d'un densimètre acheté chez un fournisseur renommé de la Cité, cet échantillon ne pesait que 0,668, et un marché important pour la fourniture de 58,000 litres (12,875 gallons) fut passé en conséquence, avec la condition de livrer du liquide d'une densité inférieure à 0,670. Mais lorsque les fûts arrivèrent de Liverpool à Londres, le liquide pesait 0,680 à 0,684, suivant que les barils avaient été plus ou moins exposés à la chaleur du soleil. Le liquide dès lors n'était plus propre aux mêmes usages, et il pouvait s'ensuivre un refus de livraison et un coûteux procès.

L'essai fait au moment de la livraison, avec un densimètre autre que le premier, avait été vérifié par le système des pesées ; il était donc exact et certain.

Mais en présence d'une aussi grande différence, on s'avisa de recourir au premier densimètre, et l'expertise prouva qu'avec cet instrument on avait une différence de plus de 2 pour 100, ce qui aurait occasionné une erreur de près de 20 grammes par litre, et une différence de 1,200 kilogrammes sur la livraison.

Les écarts sont rarement aussi grands; mais il est tout aussi rare de rencontrer des densimètres exacts chez les marchands opticiens qui les font fabriquer en gros et à bon marché.

Frappé de ces imperfections qui peuvent être une source d'erreurs, de contestations et de procès entre commerçants, nous avons fait établir sous nos yeux, avec une attention toute spéciale et des soins minutieux, une série de densimètres étalons, pour les esprits, pour les huiles lampantes et pour les huiles lourdes, auxquels nous avons donné notre nom pour garantie de leur bonne exécution, et à l'aide desquels on peut soumettre les huiles à un essai aussi facile qu'exact et certain (1).

La méthode de pesées que nous avons indiquée d'abord pour déterminer la densité peut d'ailleurs servir de moyen de vérification de nos densimètres. Il suffira en effet de

___

(1) Nous avons donné à ces instruments la dénomination anglaise de *Mongruel gravity-meter*, en la faisant suivre de désignations appropriées, selon qu'ils ont été construits en vue du pesage des produits légers, des produits moyens ou des produits lourds. On peut se les procurer, avec les autres accessoires utiles à l'essai des huiles, chez notre éditeur, 55, quai des Augustins, à Paris.

plonger ceux-ci dans des liquides dont on aura reconnu la densité par la méthode des pesées, et on verra que les indications données par nos instruments sont bien concordantes. Pour arriver à une grande précision, nous avons séparé en cent parties égales l'intervalle des deux divisions principales; ainsi, entre les divisions 7 et 8, il y a les divisions 701, 702...., 799. Si l'instrument marque 793 par exemple dans une huile, on en conclura que la densité de cette huile est 0,793, c'est-à-dire que 1 litre pèse 0$^{kil}$,793. On peut remarquer, du reste, comme moyen mnémonique, que, par suite du système de graduation de nos instruments, chaque division représente gramme, ou, pour parler plus exactement, que le nombre, 793 par exemple, de la division à laquelle affleure le liquide, représente le nombre de grammes que pèse 1 litre de ce liquide.

**Du degré de température à observer dans le pesage des huiles.** — Il nous reste à dire, pour terminer l'instruction relative à la densité, qu'en raison de la loi physique de la dilatation des corps par la chaleur, il y a quelques précautions à prendre relativement à la température à laquelle on opère en pesant les huiles, soit au moyen de la balance, soit au moyen du densimètre.

Le volume d'un corps varie avec la température. Ainsi un vase rempli d'eau jusqu'au bord à la température de 4 degrés au-dessus de zéro (qui est celle de son maximum de densité) déborde bientôt si on le fait chauffer, en sorte que le vase reste plein, mais que son contenu devient naturellement moins lourd. Tous les corps de la nature, solides, liquides ou gazeux, subissent cette loi sans exception, mais dans des proportions différentes, selon leur cohésion ou la solidité d'agrégation de leurs molécules. Cela revient à dire que la densité varie avec la température. Il faut donc, lorsqu'on détermine la densité d'un corps, la prendre à une température convenue. Dans la pratique commerciale, il est passé en usage de peser les huiles à 15 degrés centigrades au-dessus de zéro, température moyenne à laquelle il est toujours facile de les ramener en toute saison, l'hiver en les chauffant un peu, l'été en plongeant dans l'eau fraîche le vase qui les contient.

Mais s'il s'agit d'éthers ou d'esprits, c'est toujours à une température voisine de la glace qu'il faut les peser, car leur point d'ébullition peut être inférieur à 15 degrés, ou du moins s'en rapprocher assez pour que leur dilatation soit excessive à cette température.

# CHAPITRE VI.

## DU DEGRÉ D'IGNITION ET DU POINT D'ÉBULLITION.



---

On appelle *degré d'ignition* ou *d'inflammation* la température à laquelle prend feu un hydrocarbure, au moment de son contact *instantané* avec un corps enflammé; et *point d'ébullition*, la température à laquelle il bout sous la pression atmosphérique.

En général, le degré d'ignition est en rapport avec le point d'ébullition, comme celui-ci est en rapport avec le degré de volatilité; c'est-à-dire que plus bas est le point d'ébullition, plus bas est aussi le degré d'ignition, et plus est facile et abondante la formation des vapeurs.

Nous avons dit précédemment que les éthers et les esprits sont inflammables aux plus basses températures; c'est-à-dire que si, à la température de la glace, par exemple, on présente une allumette enflammée à la surface d'un de ces liquides, il prendra feu immédiatement, et même avant que l'allumette ait touché le liquide : c'est par l'atmosphère de vapeurs qui surnage que l'ignition commence. Cette extrême volatilité force à prendre les plus grandes précautions, lorsqu'on veut recueillir ou manipuler ces produits; et nous insistons en particulier sur ce point, qu'on ne doit jamais se livrer à une opération de cette nature en présence d'une lumière, ou de tout corps en ignition.

Mais les groupes suivants sont de moins en moins volatils et inflammables, et c'est impunément qu'on peut, à la température moyenne de 15 degrés, plonger à trois ou quatre reprises dans les huiles du septième groupe, par exemple, une allumette de stéarine : elle s'éteindra chaque fois, sans enflammer le liquide.

Voici du reste les moyens qu'on doit employer dans la pratique pour déterminer les points d'ignition et d'ébullition.

Nous supposons, par exemple, qu'on ait à opérer sur une huile proposée comme huile lampante.

On verse une portion de cet échantillon dans une capsule en porcelaine munie d'un manche. Si l'on soupçonne que l'huile a subi un mélange, on peut immédiatement en faire un premier essai. On plonge rapidement dans l'huile une allumette de bougie (1) qui doit s'éteindre instantanément sans enflammer le liquide, s'il appartient

(1) On se sert, pour cette épreuve, d'allumettes en stéarine, et non d'allumettes en bois, parce que les corps gras sont très-mauvais conducteurs du calorique, et que, la chaleur du corps de cette petite bougie étant à peu près nulle, elle ne change pas sensiblement la température de l'huile au point de contact. Il n'en serait pas ainsi avec une allumette en bois; car le bois s'échauffe plus vite, et la chaleur du point en combustion se communique plus loin et se transmet plus facilement.

à l'un des groupes 4, 5, 6 ou 7, et si l'on a commencé l'opération à la température moyenne de 15 degrés.

Après cette première épreuve, on met la capsule sur un trépied ou tout autre support, et on allume au-dessous une petite lampe à esprit-de-vin dont la flamme ne doit pas être plus grosse que celle d'une veilleuse de nuit.

On plonge un petit thermomètre bien sensible dans l'huile que contient la capsule et on observe sa marche avec soin.

Lorsqu'il est monté de quelques degrés, 5, 10 ou 15, suivant la température primitive et la densité de l'huile, on retire la lampe ; puis, lorsque la chaleur s'est bien répartie également dans toute la masse du liquide et que le thermomètre reste stationnaire, on enlève cet instrument et on plonge rapidement dans l'huile, comme la première fois, une allumette enflammée qui doit s'y éteindre encore.

On recommence cette opération autant de fois qu'il est nécessaire pour arriver à voir l'huile s'enflammer instantanément au contact de la bougie. La température du liquide, indiquée par le thermomètre dans cette dernière expérience, est précisément le degré d'ignition.

On éteint l'huile aussitôt, en soufflant dessus.

L'opération complète peut durer quatre ou cinq minutes. L'habitude qu'on acquiert par la pratique rend habile à reconnaître le moment où l'huile approche de son point d'ignition, de sorte que deux ou trois essais suffisent au besoin. Mais il ne faut pas craindre de répéter l'immersion de l'allumette assez souvent, car il pourrait arriver qu'on laissât le calorique s'accumuler dans l'huile plus qu'il n'est nécessaire pour son inflammation, et dans ce cas on n'aurait pas exactement le degré cherché.

Si le point d'inflammation n'est pas compris dans les limites que nous avons données au chapitre I<sup>er</sup>, dans le tableau inscrit page 10, si par exemple l'huile s'enflamme plus tôt, c'est qu'elle est mélangée à des parties légères dont les vapeurs s'élèvent et prennent feu à une plus basse température; alors elle est dite inflammable et explosible et son emploi est dangereux. Si au contraire elle ne s'enflammait qu'à une température plus élevée, qui ne parût pas en rapport avec les caractères de son groupe, il y aurait lieu de supposer, ou que la densité a été mal déterminée (et il faudrait en recommencer l'essai), ou que l'huile est trop lourde, d'une nature suspecte, et demande un examen plus sérieux. Dans l'un et l'autre cas, elle ne pourrait convenir pour l'usage des lampes ordinaires; elle devrait donc être rejetée comme huile lampante, et par conséquent il faudrait l'estimer à une moindre valeur.

**Essai du point d'ébullition.** — Pour déterminer le point d'ébullition, on remplace la capsule en porcelaine par un petit ballon en verre, qu'on remplit au tiers ou à la moitié du liquide à essayer; on descend le thermomètre à mercure par le col du ballon, après avoir rempli de poudre de craie les divisions tracées sur sa tige pour les rendre plus visibles. On allume la lampe, et on chauffe le liquide jusqu'à ce qu'il bouille; on constate à ce moment le degré du thermomètre, qui est précisément le point d'ébullition cherché.

Pour plus de sécurité, il vaut mieux ajuster la tige du

thermomètre à frottement dur dans un morceau de liége, en ayant soin toutefois que celui-ci ne bouche pas hermétiquement le ballon; car les vapeurs comprimeraient le liquide et en retarderaient l'ébullition qui doit avoir lieu sous la pression atmosphérique ordinaire. On devra donc pratiquer, dans l'épaisseur du liége, une rainure assez large pour laisser entrer l'air et sortir les vapeurs qui se dégagent.

Si l'on opère sur l'un des premiers groupes (les 2$^{me}$, 3$^{me}$ ou même 4$^{me}$), l'ébullition ne tardera guère à se manifester par l'apparition des vapeurs qui, sous forme de bulles, s'élèveront du fond à la surface, et avertiront de leur présence par une odeur caractéristique. Mais si c'est l'un des groupes intermédiaires, ou l'une des dernières séries que l'on soumet à l'épreuve, il faudra chauffer davantage et l'opération durera plus ou moins longtemps.

Pour le liquide formé des séries les plus légères et que nous avons nommé *éther*, il serait inutile et même dangereux d'y appliquer le feu; la chaleur de la main suffit en effet pour en déterminer l'ébullition dans une fiole à parois minces, puisqu'il bout au-dessous de 15 degrés centigrades.

Il ne faut pas confondre le *commencement* avec le *point précis* de l'ébullition. L'élévation des premières bulles ne constitue pas le phénomène. C'est lorsque la masse totale du liquide commence à entrer en mouvement, soulevée de toutes parts par l'ascension des vapeurs, qu'a lieu le point précis d'ébullition. Du reste, il n'y a guère qu'un, deux, ou trois degrés de différence (selon la densité et l'homogénéité de l'hydrocarbure) entre l'apparition des bulles vaporeuses et l'ébullition complète. Il convient d'accuser ces deux périodes en disant par exemple : tel esprit bout entre 30 et 32 degrés, telle essence entre 68 et 70, etc.

**Pouvoir éclairant des hydrocarbures.** — Nous avons déjà dit que tous les hydrocarbures ne sont pas composés dans la même proportion d'hydrogène et de carbone et qu'ils ne jouissent pas tous du même pouvoir lumineux.

Il est incontestable que, parmi les huiles lampantes, il y a des schistes plus riches en pouvoir lumineux que d'autres huiles de houille, qui sont cependant elles-mêmes supérieures sous ce rapport aux pétroles d'Amérique. Il est également certain que, parmi les produits légers de toutes provenances, il n'en est pas un qui, à densité égale ou voisine, approche, même de loin, pour sa propriété éclairante, des condensations de gaz de boghead comprimé, dit *gaz portatif*.

En l'absence de règles scientifiques certaines, déterminant l'influence de la composition chimique des hydrocarbures sur leur pouvoir lumineux, nous pouvons du moins dire qu'en général ceux qui contiennent les plus fortes proportions de carbone sont à la fois les plus lourds, les moins volatils, les moins inflammables, mais les plus éclairants.

Dans l'état actuel de la science, et avec l'imperfection ou la difficulté des moyens d'analyse dont on dispose, on ne peut comparer que par voie d'expérimentation directe le pouvoir lumineux des différentes huiles.

Voici comment on procède :

Les deux sources lumineuses, dont on veut comparer

les pouvoirs éclairants, sont disposées devant un écran transparent en verre dépoli, qui est fixé verticalement sur une planchette en bois. Entre l'écran et les lumières on place une tige opaque, de manière que les ombres portées par cette tige viennent se former sur l'écran.

Celle des lumières dont l'ombre est la plus intense est éloignée de l'écran, jusqu'à ce que les deux ombres soient de la même teinte. Dans cette position, les deux sources envoient la même quantité de lumière sur l'écran.

Supposons que pour arriver à ce résultat on ait été obligé de mettre l'une d'elles à une distance trois fois plus grande que celle qui sépare l'autre source de l'écran. On sait que l'intensité de la lumière est en raison inverse du carré de la distance ; donc, puisque la première source est à une distance trois fois plus grande, et puisqu'elle envoie cependant la même quantité de lumière, c'est qu'elle est $3 \times 3$ ou 9 fois plus puissante que la seconde. Si la distance avait été 4, 5, 6, etc., fois plus grande, c'est que l'intensité aurait été 16, 25, 36, etc., fois plus considérable.

# CHAPITRE VII.

## DES MATIÈRES EXTRACTIVES.

Substances qui peuvent fournir de l'huile. — Classification de ces substances. — Sortes les plus employées : boghead coal, south boghead,
boghead d'Allemagne, Breukenridge coal, Albert coal, Albert coal
européen, bitume de Trinidad, etc. — Sources de pétrole en Europe,
— Sources en Amérique. — Comment on les ouvre et les exploite.

---

Toutes les substances combustibles, sans exception,
peuvent servir à l'extraction des huiles, pourvu qu'elles
soient traitées d'une manière appropriée à leur nature ;
tels sont les bois de toute essence, les houilles ou charbons de toute qualité, la tourbe des marais, la poix et les
résines, le goudron, l'asphalte et toutes les matières bitumineuses, les corps gras en général, etc. On peut même
extraire des hydrocarbures, en plus ou moins grande
quantité, de différentes matières qui ne paraissent pas
susceptibles de combustion, mais dans lesquelles se trouvent pourtant de l'hydrogène et du carbone combinés.
De ce nombre sont certaines argiles, certains sables bitumineux, quelques roches schisteuses, divers résidus
considérés comme sans valeur dans l'industrie. tels que
l'eau savonneuse provenant du dégraissage des laines et
des draps, etc.

De toutes ces substances, on doit généralement préférer
celles qui sont le plus abondantes, qui fournissent le plus
d'huile relativement à leur poids et qui peuvent être aux

moindres frais extraites et purifiées. On doit de plus tenir compte de certaines considérations de lieux, de distance et de frais accessoires pouvant faire préférer des matières premières qui, tout en étant moins abondantes ou moins riches, arrivent à donner, dans des circonstances particulières, un résultat final plus avantageux au point de vue de l'exploitation. Quoi qu'il en soit, les minéraux les plus riches en huile sont les asphastes, les bitumes, les argiles grasses, les schistes, le boghead, le cannel coal, etc., que nous allons passer en revue. Ces matières ont reçu différents noms que nous nous proposons de conserver avec leur orthographe originale, quitte à placer à côté d'eux leur traduction française, si elle est nécessaire à l'intelligence du texte. — Indiquons d'abord, aussi rapidement que possible, la classification de ces subtances, par rapport à leur composition.

| COMPOSITION pour 100 PARTIES. | ANTHRA-CITE. | CAKING COAL (1). | SHERRY COAL (1). | SPLINT COAL (1). | CANNEL COAL (1). |
|---|---|---|---|---|---|
| Carbone. . . . | 92,560 | 89,752 | 85,635 | 82,734 | 76,250 |
| Hydrogène.. . | 3,330 | 5,139 | 5,250 | 5,491 | 5,500 |
| Nitrogène ou azote. . . . . | » | » | » | » | 1,610 |
| Oxygène. . . . | 2,530 | 3,716 | 7,566 | 10,647 | 13,830 |
| Cendres. . . . | 1,580 | 1,393 | 1,549 | 1,128 | 2,810 |
| Totaux. . . | 100,000 | 100,000 | 100,000 | 100,000 | 100,000 |

(1) *Coal* est une expression générique qui, en anglais, signifie *charbon de terre.* — Le charbon de bois se dit *charcoal.*

L'examen de ce tableau permet de reconnaître que plus le coal ou charbon est dur et ancien de formation, plus on voit dans sa composition augmenter la proportion de carbone et diminuer au contraire celles d'oxygène et d'hydrogène.

D'autres variétés de combustibles ont été classées de la manière suivante :

| COMPOSITION pour 100 PARTIES. | TOURBE. | LIGNITE ou BROWN COAL. | BITUMINEUX COAL. | ANTHRACITE de PENSILVANIE. | PLOMBAGO ou GRAPHITE. |
|---|---|---|---|---|---|
| Carbone. . . . | 38 | 54 | 73 | 94 | 95 |
| Hydrogène. . . | 5,6 | 5 | 5 | 2,55 | » |
| Oxygène. . . . | 11 | 26 | 20 | 2,45 | » |
| Cendres. . . . | 17,4 | 14 | 2 | 1 | » |
| Matières volatiles. . . . . | 28 | 1 | » | » | » |
| Fer. . . . . . . | » | » | » | » | 5 |
| Totaux. . . | 100 » | 100 | 100 | 100 | 100 |

Ce tableau donne lieu à la même remarque que le précédent, relativement à l'augmentation du carbone et à la diminution de l'hydrogène et de l'oxygène, à mesure que le changement d'état des matières végétales devient plus complet et que la formation de la houille est plus ancienne.

Les houilles sont évidemment d'origine végétale ; elles

résultent de la transformation des plantes sous l'action puissante du temps et des forces de la nature telles que la pression des couches supérieures de la terre, la chaleur, l'électricité du globe et d'autres causes accidentelles comme la formation d'un volcan, l'affaissement et l'inondation d'un bassin, etc.

La variété qu'on remarque dans la composition des houilles provient, soit de la différence des bois et des végétaux qui couvraient le sol avant qu'il fût bouleversé, soit de la diversité des phénomènes physiques et chimiques qui ont déterminé ou accompagné la métamorphose, soit enfin du temps plus ou moins considérable qui s'est écoulé depuis cette époque.

Parmi ces corps, ceux qui fournissent le plus d'huile appartiennent généralement aux terrains de moyenne formation ou de secondes roches. Ce sont : le boghead coal, le south boghead coal, le Brenkenridge coal, l'Albert coal, le bitume de Trinidad et de Cuba, etc., enfin le pétrole donné par les nombreuses sources des deux Amériques, des Indes, de l'Océanie, de l'Europe, etc.

**Boghead coal ou argile bitumineuse.** — Ce combustible passe en première ligne parmi les matières propres à l'extraction des huiles. Il se trouve en Écosse (à Torbane Hill, dans le bassin de calcaire bitumineux situé à l'embouchure de la rivière de Forth). Sa richesse et l'abondance de son rendement le font exporter non-seulement en Europe, mais dans les contrées les plus lointaines.

Une tonne de boghead fournit à la distillation, dans une cornue ordinaire, de 540 à 550 litres d'huile brute, dont on peut retirer 260 litres d'huile lampante, 70 litres d'huiles lourdes et légères, et 5 à 6 kilogrammes de paraffine.

**South boghead coal** (*boghead du sud*).— Le minéral qui a reçu ce nom est une qualité particulière de schiste dont la formation est moins avancée que celle du précédent et dans lequel les détritus de crustacés et de poissons fossiles abondent en telle quantité, qu'il en paraît entièrement composé. Les huiles qu'on en retire se rapprochent assez de celles des schistes de l'Allier.

C'est en Angleterre, auprès de la petite ville de Pool, fameuse par ses pêcheries d'huîtres, que se trouve le south boghead coal. Il donne 42 pour 100 de matière volatile condensable, d'une grand pouvoir lumineux. Mais les fabricants en ont abandonné l'exploitation, soit à cause de son odeur qui se ressent de la putréfaction par laquelle ont dû passer les poissons qu'un soulèvement du sol voisin aura parqués en masse dans ce bassin, soit parce que cette huile fume dans les lampes ordinaires à la densité moyenne.

**Argile allemande similaire du boghead écossais.** — Nous connaissons en Allemagne une argile ayant l'aspect du boghead écossais, sauf pour la couleur, qui est plus claire. Elle fournit à la distillation une huile abondante, de très-bonne qualité, presque sans odeur, et dont la désinfection reviendrait par conséquent à bon marché. Elle brûle, dans les lampes ordinaires, sans odeur et sans fumée, et son essence (elle ne contient que très-peu d'esprit) serait d'une application excellente pour la peinture. — Sera-t-elle jamais exploitée?

**Brenkenridge coal.** — C'est une riche variété de can-nel coal qui abonde dans les mines du Kentucky (Améri-que du Nord). Elle emprunte son nom au comté où on la trouve. L'huile lampante qu'elle fournit est de très-bonne qualité, quand elle est convenablement traitée et dépouil-lée de son odeur forte.

**Albert coal.** — L'Albert coal est une matière bitumi-neuse du Nouveau-Brunswick, dans l'Amérique du Nord. Il en existe à Hillsboro, dans le comté d'Albert, un gise-ment qui est remarquable par sa position presque verticale et qui forme une veine de 3 mètres d'épaisseur; il est allié à un roc chargé de bitume. L'Albert coal est extrê-mement brillant; il se casse en courbes conchoïdales, ne salit pas les doigts, et est très-électrique. Présenté par fragments à la flamme, il fuse, brûle presque sans fumée, et tombe par gouttes enflammées. Il se dissout dans le naphte à l'aide d'une douce chaleur et mieux encore dans les essences de charbon, et forme un vernis brillant. Il a donc toutes les propriétés essentielles de l'asphalte. C'est l'un des minéraux les plus riches en huile.

La distillation de l'Albert coal dans une large cornue donne en moyenne les résultats ci-dessous :

| | |
|---|---:|
| Matières volatiles. | 61,050 |
| Charbon fixe ou coke. | 30,650 |
| Vapeur d'eau. | 0,860 |
| Cendres. | 7,440 |
| | 100,000 |

De cette huile brute, on peut tirer 60 pour 100 d'huile

lampante, 10 pour 100 de parties légères et 10 pour 100 de parties lourdes et de paraffine. Le coke est très-brillant et spongieux. Il peut servir à certains usages industriels; il brûle rapidement en produisant une grande chaleur.

Nous nous sommes étendu davantage sur les qualités et l'importance de ce combustible, parce qu'il est un de ceux qui ont été le mieux étudiés, parce que sa valeur le place en première ligne parmi les matières propres à l'extraction des huiles de premier choix, enfin parce que nous avons un gisement pareil en Europe.

**Albert coal européen.** — Tout ce que nous venons de dire de l'Albert coal américain est applicable, à de légères nuances près, à un minéral gisant au centre de l'Europe, dans des conditions d'exploitation facile, et dont nous possédons des échantillons.

Les gisements de notre continent ayant pour la grande majorité de nos lecteurs un intérêt beaucoup plus direct et plus puissant que ceux de l'Amérique, nous allons donner en détail les résultats de l'analyse à laquelle a été soumis ce bitume :

*Distillation sèche en vase clos, à haute température.*

| | |
|---|---:|
| Matières condensées. | 45,000 |
| Gaz hydrogène carburé. | 14,660 |
| Ammoniaque. | 0,340 |
| Coke. | 40,000 |
| Cendres. | trace |
| | 100,000 |

Les matières volatiles condensées en huile brute ont fourni :

| | |
|---|---|
| Huile lampante. . . . . . . . . | 38,880 |
| Esprit et essence. . . . . . . . | 20,460 |
| Huiles lourdes. . . . . . . . . | 12,700 |
| Créosote. . . . . . . . . . . | 16,849 |
| Refus de distillation. . . . . . . | 11,111 |
| | 100,000 |

D'après ces données, on obtiendrait d'une tonne de ce bitume, en chiffres ronds :

| | | |
|---|---|---|
| Huile lampante. . . . . | 175,00 | |
| Huiles légères des premiers groupes. . . . . . . | 92,30 | 314 kilog. ou 383 litres à la densité moyenne de 0,820. |
| Huiles lourdes des derniers groupes. . . . . . | 46,10 | |
| Paraffine. . . . . . . | 10,60 | |
| Gaz d'éclairage. . . . . | 146,60 | qu'on peut employer au chauffage et à l'éclairage de l'usine. |
| Créosote. . . . . . . | 76,00 | comprenant toutes les huiles mortes. |
| Ammoniaque. . . . . . | 3,40 | |
| Coke ou charbon fixe. . . | 400,00 | |
| Refus de distillation. . . | 50,00 | |
| | 1000,00 | |

On peut s'assurer, par les chiffres qui précèdent, que les deux combustibles que nous comparons, bien que les essais n'en aient pas été faits au même point de vue, ni par

les mêmes chimistes, ne diffèrent pas considérablement
l'un de l'autre par les résultats essentiels qu'on en peut
attendre : l'un donne 488 d'huile par tonne, et l'autre n'en
accuse que 314 il est vrai; mais celui-ci, ayant été distillé
à une haute température, a fourni une quantité considérable de gaz, qui se serait liquéfiée si la distillation eût
été faite à une chaleur doucement graduée ; aussi on peut
dire que dans les mêmes circonstances le rendement en
huile du bitume européen eût égalé pour le moins celui
du bitume américain.

Quoi qu'il en soit, en établissant le prix de revient
au taux le plus élevé et en considérant le cours actuel des
huiles, l'Albert coal européen donnerait au manufacturier
qui le distillerait un bénéfice de plus de 150 pour 100.

Ce gisement n'est pas exploité.


**Bitume de Trinidad et de Cuba.** — Le bitume de
Trinidad est de couleur grise, un peu cassant; mais il
devient comme l'asphalte, plus ou moins mou, lorsqu'il
est exposé à la chaleur du soleil. On le tire du célèbre
*lac de Poix* (île de la Trinidad), ayant environ cinq kilo-
mètres de circonférence : le bitume surnage sur le lac
en une couche épaisse qui est presque liquide à sa
source, mais qui prend de la consistance à mesure
qu'elle s'étend sur le lac et que les parties volatiles se
dispersent dans l'air.

Nous rappelons à ce sujet que le même phénomène se
produit sur la mer Morte, en Syrie; la mer, près du ri-
vage, reçoit une quantité considérable de naphte qui sort
de sources sous-marines et qui souvent couvre l'eau d'une
couche d'huile. Dans les côtes avoisinant les sources, il

existe des couches de lignites dans lesquelles il est permis de supposer que ces sources prennent leur origine.

On obtient du bitume de Trinidad, par tonne :

Par première distillation, huile brute, 310 litres à la densité de 0,882.

Par seconde distillation, huile épurée, 62 pour 100, soit 192 litres.

Paraffine, 8$^{kil}$,75.


## SOURCES DE PÉTROLE.


**Sources d'Europe.** — C'est une opinion malheureusement répandue en France, que l'Amérique seule renferme des sources d'huiles minérales, propres à être exploitées. Aussi nous croirions avoir rendu un véritable service, si nous pouvions appeler l'attention publique sur les gisements qui se trouvent en Europe, et encourager les explorateurs à doter notre continent d'une nouvelle industrie, qui nous permît de ne plus être tributaires de l'Amérique.

Une étude sérieuse de la question nous permet de dire qu'on arrivera à des résultats certains si, prenant pour point de départ les sources déjà connues ou les gisements de charbon, de bitume, d'asphalte et de terrains volcaniques, on suit l'inclinaison des couches rocheuses, et si on pratique des forages dans les environs, en choisissant pour points d'exploration les vallées ou le pied des montagnes.

La seule source en France, qui ait été jusqu'à ce jour

l'objet de quelque attention, a été découverte en 1608 à
Gabian, près de Pézenas (Hérault), ce qui fit donner à
son produit le nom d'*huile de Gabian*.

Diverses autres petites sources, qui peut-être devien-
draient importantes si on les forait, se montrent dans les
environs du Puy de Pége, où gisent des bitumes; près de
Forcalquier, où se rencontrent des schistes assez riches
en acide phénique, et près de Seyssel, dans la vallée du
Rhône, d'où l'on tire l'asphalte des trottoirs de Paris. On
nous en a montré au pied du Jura, sur son versant orien-
tal; et nous en avons vu également auprès de Neufchâtel,
en Suisse, où se trouvent des mines d'asphalte. Il doit
en exister dans l'Allier, qui renferme des gisements
considérables de schiste, si toutefois l'huile qui en dé-
coule naturellement ne s'infiltre pas entre des couches
rocheuses ou argileuses qui la conduisent plus loin.
Enfin, tout le sol volcanique de l'Auvergne doit être
imbibé d'huile.

On sait de plus, par la tradition comme par les faits
contemporains, qu'il existe des sources de pétrole en Angleterre, dans le Derbyshire, et en Suède, au pied de ses
montagnes méridionales. L'Espagne doit en cacher quelques-unes dans ses assises houillères, au pied de ses
monts volcaniques. L'Italie en possède plusieurs sur les
deux versants des Apennins, ainsi que dans les Deux-
Siciles, dans la Toscane et dans l'ancien duché de Parme,
au village d'Ammiano. Nous en connaissons des gisements dans les États qui sont traversés ou bornés par les
ramifications des Alpes et des Carpathes; dans les différentes parties de l'Allemagne, en Autriche, en Bavière,
dans le Hanovre, en Bohême, en Hongrie; dans les Prin-

cipautés danubiennes, où des sources naturelles fournissent de temps immémorial des huiles de naphte employées à l'éclairage public; dans l'Archipel ionien, et principalement dans l'île de Zante, où les pétroles étaient déjà exploités du temps d'Hérodote; en Russie, sur le versant occidental des monts Ourals, et plus particulièrement encore dans le Caucase et sur les bords de la mer Caspienne; dans l'Asie mineure, et notamment dans la Syrie, où se trouve la mer Morte, nommée aussi lac Asphaltite, parce que des sources considérables de bitume qui se vaporisent à sa surface le couvrent d'une épaisse couche d'asphalte, etc.

Il ne faudrait peut-être que vouloir pour ouvrir sur l'ancien continent des puits aussi nombreux et aussi féconds en huile que ceux du nouveau monde.

En 1863, plusieurs compagnies ont tenté de se former à Londres pour l'exploitation des sources situées dans la Moldavie; mais ces tentatives ont à peu près avorté. C'était moins en Angleterre que partout ailleurs qu'il fallait organiser cette exploitation, car l'Angleterre, qui envoie ses produits en Orient, est intéressée avant tout à rester l'entrepôt général des huiles d'Amérique.

L'affaire des Principautés nous est suffisamment connue pour que nous puissions donner des détails précis à ceux qui, mieux placés que les Anglais, voudraient la reprendre sur de nouvelles bases.

On vendait les 100 kilogrammes d'huile brute,
à la source. . . . . . . . . . . . . . . . . . . . . . . . .    9$^{fr}$,50
Le baril neuf pour les loger coûtait. . . . . . . .    5    »

*A reporter.* . . 14$^{fr}$,50

*Report.* . . 14fr,50

On payait pour le transport, de la source à Galatz, sur le Danube. . . . . . . . . . . . . . . 4 »

Le magasinage et l'assurance étaient évalués à. . . . . . . . . . . . . . . . . . . . . . . . . » 50

Enfin, le fret, de Galatz à Londres, était de. . . 7 »

Prix total des 100 kilog. rendus à Londres. . 26fr,00

Nous croyons savoir d'autre part qu'un colonel russe a récemment obtenu de son gouvernement la concession d'une vaste étendue de territoire pour y forer des puits à pétrole, et qu'il a fait fabriquer en Angleterre les chaudières et ustensiles propres à son exploitation. Nous faisons des vœux pour son succès, et nous espérons que les capitaux ne lui feront pas défaut. Nous lui prédisons au surplus l'écoulement facile de ses huiles dans tout l'Orient, où, à défaut de produits distillés et épurés, on brûle les pétroles à l'état brut.

**Sources d'Amérique.** — Les principales sources, ou du moins les plus abondantes, sont situées dans les États de l'Alabama, de la Géorgie, du Tennessee, du Kentucky, de la Virginie, du Maryland, de l'Ohio, de la Pensylvanie, de New-York, etc. Dire que plus de 650 sources sont actuellement ouvertes dans les États-Unis d'Amérique et plus de 350 au Canada, dans l'Illinois, au Texas et dans quelques autres contrées, soit en total plus de 1000 sources, c'est nous dispenser de les énumérer. Nous citerons pourtant Cuba, Cayula, Gaspé, Mocca, Titusville, Ennishillen, plusieurs de ces veines donnant chacune jusqu'à 6000 et 7000 litres par vingt-quatre heures!...

**Ouverture et exploitation des sources.** — Avec une grande tarière appelée trépan, on perce dans la terre des trous de 0$^m$,08 à 0$^m$,12 de diamètre, aussi profondément qu'on le peut. Il est aisé de manœuvrer le trépan tant qu'on est dans la couche formée de débris ou de terre végétale; mais l'opération devient difficile dès qu'on atteint le roc, qu'il faut pourtant briser et forer, à la manière des puits artésiens, car les veines d'huile coulent ordinairement entre les assises de rocher. Si elles coulaient au-dessus, elles pénétreraient la terre végétale et formeraient quelque part des sources naturelles, qui n'auraient pas besoin de forage. C'est ce qui arrive dans quelques cas très-rares. Le plus souvent donc, il faut les aller chercher à une certaine profondeur. Quelquefois les explorateurs pénètrent jusqu'à 150 mètres et même davantage sans perdre espoir, tandis qu'en d'autres circonstances ils abandonnent le puits à 12 ou 15 mètres. Cela dépend de la configuration du sol, de la proximité plus ou moins grande des gisements, de la composition des couches qu'on rencontre, et enfin de la conviction plus ou moins profonde qu'ont les explorateurs d'être au-dessus d'une veine ou d'un courant.

Tant qu'ils rencontrent du terrain spongieux, caillouteux ou sablonneux, ils sont sûrs de ne point trouver de source. Ils doivent, pour arriver à l'huile, avoir percé du roc ou des lits d'argile imperméables.

Lorsque la sonde rencontre soit de l'huile, soit de l'eau, ils attendent que l'écoulement se soit établi de lui-même, s'il y a lieu; ou bien ils pompent le liquide et le déversent dans des réservoirs préparés à cet effet, et dans lesquels l'huile surnage, car la source est toujours mêlée d'eau douce ou salée. Il arrive quelquefois que l'eau s'écoule durant plusieurs heures ou plusieurs jours, avant que l'huile n'arrive. On a même vu des sources affecter la forme intermittente et donner alternativement de l'eau, de l'huile, puis de l'eau et de l'huile encore, jusqu'à ce qu'elles se fussent régularisées par une décharge suffisante des veines engorgées.

L'exhalaison de gaz inflammables précède ordinairement la découverte de l'huile, et quand une odeur de soufre et d'hydrocarbure annonce leur présence, c'est un grand encouragement pour les puisatiers, qui dès lors creusent des réservoirs avec la certitude qu'ils vont bientôt les utiliser.

Lorsque la présence de l'huile ne peut plus être mise en doute, on introduit un tube dans le trou pour en garantir l'éboulement. Durant les premiers jours, la compression des gaz qui se dégagent sans cesse des hydrocarbures suffit ordinairement pour faire monter l'huile jusqu'au niveau de la terre, quelle que soit la profondeur du sondage. Ce n'est donc qu'au bout de trois jours, plus ou moins, qu'il devient nécessaire de recourir à une pompe à bras, si le rendement est peu considérable et le puits peu profond, ou à une pompe à vapeur, si les produits de la source permettent d'en faire les frais.

Le rendement est quelquefois si grand, qu'un nombre suffisant de barils n'a pu être préparé pour recevoir l'huile (on a vu des sources donner jusqu'à 200 barils par jour). L'huile alors se répand et coule à la surface du sol, si on n'a pas eu la précaution, dès les premières émanations de gaz hydrogène, de creuser et de rendre étanches de vastes réservoirs.

7.

Nous rappelons que l'huile qui séjourne dans ces réservoirs, au contact de l'air, y perd promptement ses produits volatils, surtout si les rayons solaires agissent à sa surface. Le mieux est donc de la mettre en fût le plus promptement possible, ou de couvrir les réservoirs.

# CHAPITRE VIII.



La première question à résoudre, lorsqu'on veut exploiter un gisement, est celle de l'emplacement qu'occupera l'usine à créer; la seconde est celle du système de cornues qu'on doit préférer, eu égard à la matière à distiller; vient ensuite celle des condenseurs, des réfrigérants et des accessoires, et enfin celle de l'organisation générale de l'usine.

La détermination de tous ces points a une influence considérable sur la marche et sur les résultats définitifs de la fabrication, tels que : la durée de la distillation, le rendement de la matière, la proportion des huiles légères, moyennes et lourdes, la proportion de la paraffine, l'odeur que prennent les huiles en se constituant, et la facilité plus ou moins grande avec laquelle cette odeur cède au traitement chimique, etc. (1).

Ce que nous avons dit dans le chapitre précédent suffit pour guider le manufacturier dans son choix, s'il peut opter entre différents gisements de minéraux. Quant à l'usine, elle devra être construite près d'un cours d'eau, dont on puisse distraire au moins un mince filet, pour servir aux lavages des produits, à l'alimentation des réfrigérants, etc.; elle devra être, autant que possible, située auprès de la mine, et à proximité d'une rivière navigable, d'un canal, d'un chemin de fer ou de toute autre voie de communication.

Les cornues employées pour la distillation des matières brutes sont ordinairement en fer; mais elles peuvent être aussi construites en argile ou en terre réfractaire. Elles sont de forme et de dimensions très-variables. Beaucoup de brevets ont été pris en France, en Angleterre et aux États-Unis, pour de nouvelles dispositions ou pour de prétendus perfectionnements; mais les modifications apportées à la construction de ces appareils ne nous semblent pas répondre à la bonne opinion qu'en ont conçue leurs auteurs. Nous n'en parlerons donc pas, et nous nous bornerons à la description rapide des meilleurs systèmes de cornues, en faisant toutefois mention de ceux qui sont le plus usités, bien qu'ils ne soient pas toujours les meilleurs.

(1) Toutes ces considérations, que nous ne pouvons qu'indiquer dans un travail aussi général que celui-ci, destiné par le prix comme par le fond et par la forme à constituer une édition populaire, trouveront ultérieurement leurs développements dans une publication spécialement destinée aux fabricants et qui aura pour titre : *Traité complet de la fabrication des huiles minérales.*

Que se propose le fabricant d'huile par la distillation en vase clos des substances charbonneuses ou bitumineuses? De recueillir les parties volatiles condensables, en les séparant des matières solides avec lesquelles elles sont unies dans la masse, matières qui sont ordinairement du charbon fixe, des cendres, des bases terreuses ou métalliques, etc.

Tout ensemble de moyens qui permettra d'obtenir ce résultat le plus promptement, le plus complétement et le plus économiquement possible, constituera donc un système d'opérations répondant au but que l'on cherche.

N'oublions pas que ce que nous avons en vue, c'est la production des huiles, et non celle du gaz; et rappelons, d'une autre part, car ce sont des points capitaux que nous n'avons fait qu'indiquer au chapitre I<sup>er</sup> : 1° que toutes les huiles se séparent des matières concrètes à une température ordinairement inférieure à 400 ou 450 degrés centigrades (750 à 850 degrés Fahrenheit); 2° que si l'on chauffe au delà de ce point, les parties volatilisables, à mesure qu'elles se dégagent, se décomposent pour donner naissance à un gaz permanent ou incoercible, et à des produits autres que ceux que cherche le fabricant; 3° que dans ce cas on obtient seulement une forte proportion de gaz, et une petite quantité de produits lourds qui sont presque sans valeur.

Les conditions essentielles d'une bonne cornue sont donc :

1° D'être facile à charger et à décharger, afin de perdre le moins possible de temps et de chaleur durant cette double opération, chaque fois qu'elle est à recommencer;

2º De permettre que toute la charge reçoive également et uniformément l'action du feu, soit simultanément, soit successivement, afin qu'il n'y ait pas de parties trop chauffées qui ne fourniraient que des gaz permanents, tandis que d'autres, ne l'étant pas assez, ne laisseraient point échapper toutes leurs vapeurs ;

3º D'être disposée de manière à favoriser la sortie immédiate de ces vapeurs dès qu'elles sont formées, afin qu'elles ne retombent pas dans la cornue en coulant sur les parois très-chaudes, où elles subiraient la décomposition dont nous avons parlé.

**Cornue en D.** — La cornue ordinaire, en forme de D ou de demi-cylindre, qui existe dans la plupart des fabriques de gaz d'éclairage, est la plus anciennement connue et la plus usitée ; ce n'est pas à dire pour cela qu'elle soit la meilleure. Elle a cependant des avantages sur la plupart de celles que le progrès ou la fantaisie ont cherché à lui substituer : elle est d'une construction simple et d'un prix de revient peu élevé ; elle peut être faite en argile ou en fer ; elle est facile à charger et à décharger ; elle convient d'ailleurs parfaitement à la distillation de la houille à haute température. On peut lui donner, comme à toutes les cornues de quelque système qu'elles soient, des dimensions variables, selon la quantité de matières qu'on y veut mettre. Elle a habituellement de 0$^m$,75 à 1$^m$,25 de diamètre sur 1$^m$,75 à 3 mètres de long (30 à 45 pouces anglais d'assise sur 8 à 10 pieds de long). Avec une cornue de ce genre on peut distiller trois charges de cannel coal en vingt-quatre heures, à une chaleur n'excédant pas 425 degrés centigrades.

Pour éviter que la pression intérieure, résultant des vapeurs et des gaz, ne retarde la distillation et ne crée des dangers d'explosion, il est nécessaire que le tube de décharge par lequel les vapeurs doivent sortir ait un diamètre proportionné à celui de la cornue. Pour une cornue dont les dimensions sont 1ᵐ,25 et 3 mètres, ce tube ne doit pas avoir moins de 0ᵐ,20 de diamètre.

L'appareil dont nous venons de parler convient parfaitement pour la fabrication du gaz d'éclairage, mais il n'est pas aussi avantageux pour l'extraction des huiles, parce que la partie inférieure et aplatie, plus directement exposée au feu, reçoit une chaleur plus élevée que les autres, et qu'il n'y a point égalité de température dans toute la charge.

**Cornue revolver et ses imitations.** — Une cornue construite de manière à présenter alternativement toutes les parties de sa surface à l'action du foyer remplirait l'une des conditions essentielles que nous avons énumérées, puisque toute la charge éprouverait successivement l'action vaporisante des mêmes forces calorifiques. C'est à quoi l'on a essayé de parvenir en imaginant la cornue dite *revolver*, inventée en France et brevetée au nom de **M. Gingembre** qui s'en servait dans le principe pour la fabrication du gaz de charbon.

Cette cornue se compose d'un cylindre en fer ayant habituellement de 0ᵐ,80 à 2 mètres de diamètre et 2ᵐ,40 à 2ᵐ,50 de longueur ; le cylindre est muni à chacune de ses extrémités d'un axe reposant sur un tourillon ; l'axe qui est à l'extrémité opposée à l'ouverture du fourneau est creux et sert de passage aux vapeurs. La cornue se charge et se

décharge du reste à la manière ordinaire, par un trou
d'homme pratiqué à cet effet. Elle est mise en mouvement
au moyen de la vapeur par un mécanisme qui lui im-
prime une vitesse de deux révolutions environ par minute. Les avantages de cette cornue résultent de ce que,
la charge étant constamment agitée par le mouvement du
cylindre, chaque partie du minéral est successivement
mise en contact avec la surface chauffée directement, sans
qu'il y ait, comme dans les cornues fixes, un point central
ou supérieur où la chaleur arrive plus difficilement et plus
lentement. On conçoit donc que l'opération soit à la fois
plus prompte et plus régulière. Une cornue de cette di-
mension peut distiller en vingt-quatre heures six charges
de cannel coal d'une tonne chacune.

Les objections qu'ont opposées à ce système les personnes qui en ont fait usage sont, d'une part, son prix de
revient, et, d'autre part, les dérangements auxquels le
rend sujet son mouvement rotatoire. Il faut ajouter de plus
que par suite du mouvement imprimé au cylindre le coke
se trouve réduit en poussière et est entraîné en partie
par le courant de vapeurs jusque dans le récipient d'huile.
Mais, par la rapidité de la distillation, par son rendement
supérieur et par l'économie du combustible, ce système
n'en donne pas moins des résultats positifs que l'esprit
fécond des inventeurs, en obviant aux inconvénients signalés, rendra sans doute encore plus complets. Ne pour-
rait-on pas, par exemple, placer dans l'axe creux par
lequel passent les vapeurs chargées de poussière de coke
une ou plusieurs toiles métalliques rapprochées les unes
des autres, d'un tissu plus serré pour la seconde que pour
la première, et ainsi de suite, qui arrêteraient cette pous-

sière pour la faire retomber dans la cornue? Ou bien encore, ne serait-il pas facile d'établir un filtrage analogue au-dessus du récipient qui reçoit l'huile condensée?

En terminant, nous ferons observer qu'on ne doit pas employer, pour la distillation des matières asphalteuses ou bitumineuses, la cornue revolver, qui présente successivement chaque partie de sa surface à l'action directe du foyer; ces substances en effet fondent à la chaleur, forment une pâte plus ou moins liquide qui brûle contre les parois de l'appareil, et dégage une forte odeur empyreumatique qui se transmet à l'huile et dont il est difficile de la débarrasser. Il est donc indispensable, lorsqu'on monte une usine, d'approprier le système de distillation à la nature des matières sur lesquelles on se propose d'opérer. .

**Cornues verticales.** — En Allemagne, en Alsace, dans plusieurs villes de l'Irlande et de l'Écosse, on emploie des cornues cylindriques verticales. La simplicité de leur construction et les bons résultats qu'elles donnent, dans leur état actuel de perfectionnement nous engagent à les décrire avec quelques détails. Nous prendrons pour modèles celles, par exemple, qui sont employées dans la manufacture de Bathgate (Angleterre), qui est la plus grande et la plus importante de toutes les fabriques d'huile de charbon.

Bathgate est situé dans le périmètre du boghead d'Écosse, l'un des minéraux les plus riches qu'on puisse employer à la distillation des huiles. La première fabrique y fut établie par sir James Young, qui en est encore actuellement propriétaire et qui prit un brevet le

29 janvier 1850 pour ses *procédés de fabrication d'huile de coal dans un but commercial.* On lui doit également l'introduction, dans le commerce, des huiles de pétrole épurées par les mêmes procédés. Avant l'époque dont il s'agit, ces huiles étaient en effet considérées, non comme des produits commerciaux, mais comme des matières curieuses à étudier au point de vue scientifique.

L'usine de Bathgate commença ses opérations sur une petite échelle, et encore eut-elle de la peine à trouver l'écoulement de ses huiles, dont le pouvoir lumineux et l'emploi économique ne se vulgarisèrent que peu à peu. Mais, depuis cette époque, elle a pris une telle extension qu'elle couvre aujourd'hui une superficie de plus de 10 hectares, et qu'elle occupe 600 ouvriers.

Au sortir de la mine, une puissante machine à broyer l'anthracite casse en petits morceaux le boghead, qui est dès lors prêt à entrer dans les cornues. Celles-ci sont des cylindres en fer ayant chacun $3^m,35$ de hauteur, et disposés verticalement par rangées de quatre dans chaque fournaise ; on les remplit de charbon jusqu'à la plate-forme supérieure. Les cylindres se prolongent au-dessus de la plate-forme, et le haut est fermé par une trémie conique percée au centre d'une ouverture circulaire. Celle-ci est close par une lourde valve sphérique, suspendue dans l'intérieur du cylindre, et pressée de bas en haut contre l'ouverture au moyen d'une chaîne et d'un contre-poids retombant en dehors. Une poignée de sable jetée dans la trémie rend cette fermeture suffisamment hermétique, malgré son extrême simplicité.

Chaque fois que l'on veut, pendant la distillation qui n'est jamais interrompue, recharger partiellement la cornue, on remplit la trémie de petits morceaux de charbon, et, en soulevant le contre-poids, on détend la chaîne, qui permet à la valve sphérique de descendre et de livrer passage aux fragments de boghead. Quand le contenu de la trémie est ainsi tombé dans la cornue, l'ouverture se referme immédiatement par l'effet du contre-poids, et est lutée de nouveau avec une poignée de sable. On ne saurait rien imaginer de plus simple pour la fermeture supérieure.

La partie inférieure de ces cornues verticales traverse la fournaise de part en part, et s'immerge dans une mare d'eau peu profonde qui, formant un obstacle impénétrable à l'air, aux vapeurs et au gaz, ferme les cornues par le bas d'une manière aussi simple qu'ingénieuse.

Avec ce système, la matière est chauffée graduellement, car c'est peu à peu qu'elle s'affaisse et se rapproche du foyer. A mesure que les couches inférieures se distillent, leurs résidus tombent dans l'eau, d'où on les retire de temps en temps avec un râteau, ce qui fait descendre les couches moyennes plus près du foyer. Il y a certainement une perte de vapeur chaque fois qu'on introduit un nouveau chargement ; mais n'oublions pas que l'usine étant élevée sur la mine même, comme cela devrait toujours être, la matière première n'y coûte que les frais d'extraction. Cette perte est d'ailleurs largement compensée par d'autres avantages résultant de la distillation continue de jour et de nuit, tels que l'économie de temps, de combustible, de main-d'œuvre, etc.

**Courants d'air et de vapeur dans les cornues.** — Pour favoriser la sortie des vapeurs d'huile à mesure qu'elles se forment et éviter ainsi qu'elles se décomposent en restant trop longtemps soumises à une haute température, on a tenté à plusieurs reprises d'introduire un courant d'air au milieu des matières pendant la chauffe. Des brevets ont été pris en Angleterre en 1853 et 1854, et aux États-Unis en 1860, pour des systèmes de ventilation plus ou moins bien appropriés à cet usage nouveau. Si les essais qu'on en a faits n'ont pas eu tout le succès qu'on en attendait, ils ont néanmoins conduit à l'introduction, dans la cornue, de jets de vapeur qui sont d'un excellent effet et qui remplissent le but qu'on se proposait d'atteindre, car ils n'ont pas, comme l'air atmosphérique, l'inconvénient de refroidir l'intérieur de la cornue.

**Condenseurs et réfrigérants.**— Quel que soit le système de cornue que l'on choisisse, il faut y adapter un *condenseur*, c'est-à-dire un long tube dans lequel les vapeurs rencontrent une température assez basse pour être ramenées à l'état liquide, le seul sous lequel il soit possible de les manipuler et de les emmagasiner. L'appareil condenseur peut, du reste, prendre toutes les formes; l'essentiel, c'est qu'il soit assez long pour que les vapeurs, en le parcourant, aient le temps de s'y refroidir, et assez incliné pour que l'huile coule vers sa sortie dans un récipient quelconque, définitif ou provisoire.

Dans les grandes manufactures, par exemple dans celle de Bathgate, les vapeurs d'huile, à leur sortie des groupes de cornues, arrivent à un collecteur qui les conduit dans un condenseur principal, établi sur le même système que celui des usines à gaz, et consistant en une

ou plusieurs séries de tubes en fer disposés en forme de
siphons, et librement exposés à l'air. C'est en traversant
cette succession de tuyaux que les vapeurs se liquéfient
pour se rendre au réservoir; une très-petite quantité s'é-
chappe dans un gazomètre contigu, sous forme de gaz
permanent, servant lui-même au chauffage et à l'éclairage de la manufacture. Le récipient, où l'huile crue
est conduite par des tuyaux en fer, est une citerne construite en briques, profondément creusée dans le sol à
quelque distance des fourneaux et pouvant contenir
40,000 gallons ou 180,000 litres. Cette citerne est hermétiquement close, parce que, l'huile brute contenant tous les
produits de la distillation, depuis les séries les plus lourdes jusqu'aux plus légères, il y aurait une grande perte
causée par l'évaporation de ces dernières, si on laissait à
l'air un libre accès. Cette fermeture hermétique et souter-
raine, adoptée aussi pour les réservoirs d'huile raffinée,
a l'important avantage de soustraire cet immense appro-
visionnement aux dangers de l'incendie.

Dans les petites manufactures, on emploie le serpentin
en spirale, noyé dans une cuve dont la fraîcheur est entretenue par un filet d'eau courante, qu'on introduit par
le haut du bassin, et qui fait dégorger l'eau chaude.

Dans certaines distilleries de pétrole, le condenseur se
compose uniquement d'un long tube droit, légèrement incliné, librement exposé à l'air, partant du chapiteau de
la cornue dont il forme le col, et allant aboutir au récipient à 12, 15 ou 20 mètres de distance, en traversant une
ou deux cloisons, et en isolant ainsi les fourneaux et l'appareil distillatoire des autres parties de l'usine, sage précaution contre l'incendie.

8.

Mais si l'huile que l'on distille contient de la paraffine, ce système est défectueux en hiver, car il faut pouvoir maintenir le condenseur à une température moyenne de 40 à 45 degrés centigrades pour que la paraffine ne se dépose pas dans le condenseur qu'elle obstruerait, en créant ainsi des dangers d'explosion.

Enfin, il est d'autres systèmes de condenseurs perfectionnés, bien supérieurs à ceux que nous indiquons ici. Tels sont ceux de la fabrique de photogène de Stratford, près de Londres, dont nous avons ordonné tous les détails, et dont nous avons l'honneur de diriger les travaux chimiques. Mais, outre que leur construction nécessite des dépenses que tout manufacturier n'est pas disposé à faire, leur description nous entraînerait dans des détails trop longs pour trouver place dans cet ouvrage.

Quel que soit au surplus le système adopté pour les cornues et les condenseurs, on doit séparer les produits de la distillation première en deux parties au moins, chacune d'elles demandant un traitement un peu différent pour sa purification. La première est celle qui passe depuis le commencement jusqu'à la densité de 0,840 à 0,855 selon la nature du minéral. La seconde partie, qui exige un traitement plus énergique, se compose des derniers produits.

# CHAPITRE IX.

## RECTIFICATION ET DÉSINFECTION.

Désinfection des huiles par les agents chimiques. — Liste des réactifs usités pour la désinfection. — Procédés américains. — Méthode écossaise. — Patentes et brevets anglais, français, allemands, etc., pour le même objet. — Extraction de la paraffine. —. Distillation par l'emploi de la vapeur. — Distillation continue.

---

Il est très-rare que les huiles simplement obtenues au moyen de distillations successives soient assez peu odorantes pour qu'on puisse se dispenser de les désinfecter. Elles ont généralement une odeur tellement prononcée, qu'on doit les laver et les épurer par des procédés chimiques.

Les réactifs employés dans ce but sont des plus nombreux. Ainsi, divers fabricants ont employé ou emploient encore la soude, la potasse, la chaux, l'acide sulfurique, l'acide chlorhydrique, l'acide nitrique, le chlorure de zinc, le chlorure de manganèse, le peroxyde de manganèse, le permanganate de potasse, le chlorate de potasse, le bichromate de potasse, le sulfate de fer, etc., etc. Nous ne pourrions entrer ici dans la description des procédés proprès à l'emploi de chacun de ces réactifs. Nous nous bornerons à la spécification abrégée de quelques-unes des méthodes les plus simples et les meilleures, en renvoyant, pour plus amples renseignements, à notre *Traité complet de la fabrication des huiles minérales* et en recommandant toutefois les lavages à grande eau, qui sont beaucoup trop négligés.

**Procédés américains.** — Le liquide (huile crue, ou pétrole brut) est placé dans des cuves appropriées à cet usage, avec une proportion de 5 à 10 pour 100 d'acide sulfurique concentré, selon la quantité de goudron qu'il peut contenir : 7 pour 100 sont un dosage à peu près convenable dans la plupart des cas. On ajoute 2 pour 100 de peroxyde de manganèse et on mêle le tout aussi intimement que possible, au moyen d'agitateurs qui sont mis en mouvement, soit à bras d'homme, soit par un cheval, soit par une machine à vapeur. L'opération, qui dure plusieurs heures, est prolongée assez longtemps pour que toutes les molécules de l'huile soient mises en contact avec celles de l'acide. On laisse ensuite reposer la liqueur de douze à vingt heures, afin que les impuretés puissent se déposer au fond de la cuve. Le liquide surnageant est alors décanté dans un autre vaisseau, et battu avec 2 ou 3 pour 100 de chaux vive fraîchement calcinée ; la chaux absorbe l'eau et neutralise l'acide qui peut être resté en suspension dans l'huile.

Cette première série d'opérations terminée, on soumet le liquide à une nouvelle distillation. Si l'huile qui sort alors du récipient n'est pas suffisamment purifiée et désinfectée, cela indique que l'acide était ou en trop petite

quantité ou à un trop faible degré de concentration, ou
bien que le mélange n'a pas été assez intime. On recommence alors, mais en diminuant de 1, 2 ou 3 pour 100
la proportion d'acide, et en l'employant plus concentré.

Mais, dans ce cas encore, il faut faire suivre le battage
avec l'acide et la chaux par un lavage à l'eau pure
abondante, et par une distillation finale, sans laquelle
l'huile pétillerait en brûlant.


**Méthode écossaise.** — Cette méthode est suivie dans
l'usine de Bathgate, dont nous avons parlé précédemment. On fait d'abord subir aux huiles crues une simple
distillation pour en séparer la plus grande partie des résidus, notamment l'excès de carbone : on le retrouve
sous la forme d'un coke noir et brillant, au fond de l'immense chaudière cylindrique et horizontale qui sert à
cette opération, si celle-ci est poussée jusqu'à ce que le
contenu de la chaudière soit amené à l'état de siccité.
Comme il est nécessaire après chaque distillation d'extraire ce coke, dont on fait du reste un excellent combustible, la chaudière est disposée de manière à s'ouvrir par
l'un des bouts. Les vapeurs produites par la distillation
sont refroidies au degré convenable pour maintenir la
paraffine en fusion; à cet effet, elles passent par un long
tube en fer, qui traverse un bassin d'eau creusé dans le
sol et légèrement chauffé par de petites injections de vapeur que l'on modère à volonté.

Après cette première opération, l'huile de seconde distillation est soumise pendant quatre heures, par un battage mécanique, à l'action puissante de l'acide sulfurique
très-concentré, préparé à l'usine même ; puis on laisse

reposer. Les impuretés tombent au fond du récipient, sous l'aspect d'un résidu de goudron noir, lourd et épais. L'huile qui surnage est alors soutirée et battue de nouveau avec une solution concentrée de soude caustique, qui se fabrique également à l'usine. Enfin, après un dernier repos, l'huile est décantée et mise en réserve pour la distillation finale. Toutefois, si l'odeur est encore trop forte, ou si l'on juge que la double action combinée de l'acide sulfurique et de la soude n'ait pas été suffisante, on recommence le traitement.

Pour le commerce, on divise à Bathgate et l'on vend sous quatre noms différents les produits de la dernière distillation. L'opération est fractionnée de manière que toutes les séries qui passent à une température relativement peu élevée soient mises ensemble pour former une essence, vendue sous le nom de *naphta* ou de *paraffine naphta*, et dont la densité est de 0,740 environ. Lorsque le poids spécifique du liquide qui sort du condenseur dépasse 0,750, on recueille les séries suivantes jusqu'à la densité de 0,840 pour former l'huile lampante vendue sous le nom de *paraffine oil*. Après cela arrive l'huile lubrifiante, qui contient la presque totalité de la paraffine solide provenant du minéral; puis enfin viennent les huiles mortes, employées avec les résidus à la fabrication de graisses communes destinées aux grosses machines.

Nos lecteurs reconnaîtront sans peine le vice de cette exploitation, bien que les produits de l'usine de Bathgate aient sur le marché anglais la réputation d'être des mieux préparés. En effet, le naphta contient toutes les séries de nos trois premiers groupes, et c'est par suite un liquide essentiellement hétérogène, qui contient des substances différant sensiblement entre elles par la densité, le point d'ébullition et la volatilité. De même, l'huile lampante est une mixture de séries trop éloignées les unes des autres pour être de bonne qualité, et la vogue dont elle jouit prouve seulement que beaucoup d'autres sont encore plus mal préparées....

**Procédés français et allemands.** — Depuis la divulgation des moyens de purification pratiqués ou décrits par Sellingue, du Buisson, Cotelle, Mansfield et Young, il a été pris de nombreux brevets en France et en Allemagne ; mais en définitive tous reposent sur l'emploi alternatif des acides et des alcalis, qui forme actuellement la base principale et essentielle des méthodes en vigueur. Nous devons cependant mentionner les procédés brevetés du docteur Wagenmann et du docteur Vohl, qui présentent des avantages spéciaux pour la désinfection des schistes sulfureux, dont l'odeur résiste généralement aux moyens ordinaires. Enfin notre expérience personnelle a pu aussi venir en aide aux méthodes existantes en vue d'obtenir, avec les huiles brutes les plus infectes de pétrole ou de schiste, des produits désinfectés qui font concurrence à ceux des meilleures provenances. Nous renvoyons pour tous ces détails, qui ne sauraient trouver place ici, à notre *Traité complet de la fabrication des huiles minérales.*

**Extraction de la paraffine.** — La paraffine commence à se séparer de l'huile vers 40 degrés, et se solidifie d'autant mieux qu'elle est exposée à une plus basse température ; il suffit donc de soumettre les huiles lourdes qui la contiennent à l'action d'un froid naturel ou artificiel pour la faire cristalliser. Dans les usines où on opère l'extraction de la paraffine, on profite généralement de l'hiver pour recueillir ce qu'en renferme toute l'huile qu'on peut avoir en réserve. Si l'on doit opérer en été, on produit le froid par la glace, ou par la vaporisation de liquides volatils à bas prix.

La patente Broman, du 26 février 1856, indique, mais d'une manière assez confuse, un moyen particulier pour séparer la paraffine des huiles lourdes : il s'agit d'un tonneau à double fond, servant à la fois de vaisseau et de réfrigérant, qu'on expose à une basse température, etc.

Dans la fabrique de sir James Young, c'est au moyen de la dilatation de l'air comprimé préalablement par un piston se mouvant dans un cylindre métallique, qu'on produit en toute saison le froid dont on a besoin pour cette opération. Cette machine ingénieuse, nouvellement inventée, donne des résultats vraiment admirables. Mais, nous le répétons, la place nous manque pour entrer dans le détail de tous ces procédés, dont l'emploi est d'ailleurs interdit par des brevets.

Lorsque la température de l'huile contenant la paraffine a été suffisamment abaissée, ce produit cristallise sur les parois du récipient en belles écailles d'un blanc argenté, ayant par leur aspect quelque analogie avec le sperme de baleine, mais plus lisses et plus brillantes. On soumet alors la paraffine à l'action d'une presse qui en fait sortir l'huile retenue par la cristallisation. Pour achever de la purifier, on la fait fondre en l'agitant avec la moitié de son poids d'acide sulfurique ; puis on la lave avec une solution chaude d'alcali caustique, et on la dé-

'barrasse des dernières gouttes de ce réactif par une seconde compression ; enfin on la moule en bougies, ou on
la coule en petits tonneaux.

**Distillation à l'aide de la vapeur**. — L'expérience
a fait connaître que, dans la fabrication des huiles minérales, on pouvait accélérer et rendre plus complète la distillation, en faisant pénétrer dans la cornue un peu de
vapeur. On comprend, en effet, que la vapeur, en déterminant un courant dans l'appareil, favorise la sortie
des huiles dès le début de l'opération, et détermine ensuite l'entraînement de la partie de ces huiles qui, sans
son action, resterait engagée dans les résidus compactes.

La vapeur doit être introduite sous une température mo-
dérée, au commencement de la distillation ; mais dès que
les produits légers ont été extraits, il est nécessaire qu'elle
arrive surchauffée pour ne pas refroidir les matières, dont
la température a dû être graduellement élevée. Générale-
lement les huiles distillées à la vapeur sont moins odorantes, ou plus faciles à déodoriser. C'est là un point important à noter pour un fabricant.

**Distillation continue**. — Lorsque l'huile, suffisamment clarifiée par une seconde distillation et par l'action
des réactifs, n'est plus susceptible de fournir d'épais résidus, on peut la rectifier et recueillir isolément les séries
au moyen d'une distillation continue, qui économise tout
à la fois le temps et le combustible. Il faut, pour cela,
disposer un réservoir sur un plancher plus élevé que la
cornue, établir un tube de communication entre les deux
récipients, et, au moyen d'un robinet dont on règle l'ou-

verture à volonté, introduire dans la charge un filet d'huile nouvelle, au fur et à mesure que diminue dans la cornue le volume des matières soumises à la distillation.

Mais ici se présentent deux observations :

La première, c'est que l'huile arrivant froide dans la chaudière retarderait la distillation, si on l'y introduisait avant que la chaleur fût suffisamment élevée et avant qu'il se fût produit dans la chaudière un vide égalant un cinquième ou un sixième de sa contenance.

La seconde, c'est que le liquide à distiller ainsi introduit est immédiatement saisi par une température relativement trop élevée pour le maintien des séries légères qu'il contient, et qui sont alors en partie transformées en gaz permanents, aux dépens du rendement.

Il faut donc conclure de là que, si l'on dispose d'un gazomètre voisin du condenseur, et si l'on trouve l'emploi de ce gaz, plutôt que celui des éthers et des esprits, ce système de distillation continue doit être préféré ; et que si, au contraire, le placement des produits légers est plus facile que celui du gaz, le procédé doit être écarté.

# CHAPITRE X.



## TABLES-BARÈMES POUR LE COMMERCE DES HUILES LAMPANTES.

Utilité de ces tables.— Table A donnant, pour la densité de 0,795, les prix des 100 kilogrammes, correspondant à ceux de l'hectolitre. — Table A' donnant réciproquement, pour la même densité, les prix de l'hectolitre correspondant à ceux des 100 kilogrammes. — Tables B et B', C et C', D et D', E et E' donnant les prix comparatifs et réciproques de l'hectolitre et des 100 kilogrammes pour diverses densités. — Tables F et F', donnant les prix de l'hectolitre correspondant à ceux du gallon, et réciproquement. — Tables G et G', indiquant les prix français correspondant aux prix anglais, et réciproquement. — Tables H et H' comparant les poids, mesures et monnaies du système décimal, aux poids et mesures de l'Angleterre, etc.

---

Les relations commerciales entre la France et l'Angleterre devenant de plus en plus nombreuses, surtout en ce qui concerne les huiles, nous avons jugé utile de calculer des tables donnant les valeurs relatives des poids, mesures et monnaies des deux pays. Ces tables faciliteront les transactions et mettront les acheteurs et les vendeurs à même de comparer d'un seul coup d'œil, et sans perte de temps, les quantités et les prix exprimés d'après les usages anglais et français.

De plus, il nous a paru utile de calculer des tables donnant, pour les différentes densités des huiles lampantes, les prix comparatifs et réciproques des 100 kilogrammes et de l'hectolitre, parce qu'en France, en Belgique, et dans quelques autres pays, on vend les huiles, tantôt au poids, tantôt à la mesure, et parce qu'il en est encore de même en Angleterre, malgré la sage résolution prise en mars 1864, par le commerce de Londres, de ne vendre les pétroles qu'au poids à partir du mois de mai suivant.

Nous allons donner, sous forme de problèmes, quelques exemples d'application qui rendront très-facile l'usage de ces tables.

*On a acheté, à raison de 66 francs l'hectolitre, de l'huile ayant une densité de 0,800; on demande combien valent les 100 kilogrammes de cette huile.*

On cherche à la table B établie pour la densité 0,800, et dans la colonne des prix de l'hectolitre, le nombre 66, et on lit en face, dans la colonne des prix par 100 kilogrammes, le nombre 82,50 qui représente le prix demandé.

*On a acheté, à raison de 76 francs les 100 kilogrammes, de l'huile ayant une densité de 0,802; on demande combien vaut l'hectolitre de cette huile.*

On prend la table B′ dont la densité se rapproche le plus de la densité 0,802, et on trouve en face du prix de 76 francs les 100 kilogrammes le prix 60$^{fr}$,80 qui est celui de l'hectolitre.

*On demande de déterminer d'une manière précise la valeur d'un hectolitre d'huile pesant de 0,807 à 0,808 et coûtant 74 francs les 100 kilogrammes.*

L'huile dont il s'agit a une densité qui est la moyenne des densités 0,805 et 0,810 des tables C et D. On cherche dans chacune de ces tables les valeurs de l'hectolitre correspondant à celle de 74 francs; ce sont 59,57 et 59,94. On prend la moyenne de ces deux valeurs en divisant par 2 leur total, et on trouve ainsi 59,75 pour la valeur demandée.

Le simple examen des autres tables permet de reconnaître la manière de s'en servir.

# TABLE A
### calculée pour la densité de 0,795.

| A tant l'hectolitre, combien les 100 kilogr.? | | | | | | | |
| PRIX de | | | PRIX de | | | PRIX de | |
| L'HECTOLIT. | 100 KILOGR. | | L'HECTOLIT. | 100 KILOGR. | | L'HECTOLIT. | 100 KILOGR. |
| fr. | fr. | c. | fr. | fr. | c. | fr. | fr. | c. |
| 40 | 50 | 31 | 66 | 83 | 02 | 92 | 115 | 72 |
| 41 | 51 | 57 | 67 | 84 | 28 | 93 | 116 | 98 |
| 42 | 52 | 83 | 68 | 85 | 53 | 94 | 118 | 24 |
| 43 | 54 | 08 | 69 | 86 | 79 | 95 | 119 | 50 |
| 44 | 55 | 34 | 70 | 88 | 05 | 96 | 120 | 75 |
| 45 | 56 | 60 | 71 | 89 | 30 | 97 | 121 | 01 |
| 46 | 57 | 86 | 72 | 90 | 57 | 98 | 123 | 27 |
| 47 | 59 | 12 | 73 | 91 | 82 | 99 | 124 | 53 |
| 48 | 60 | 38 | 74 | 93 | 08 | 100 | 125 | 79 |
| 49 | 61 | 63 | 75 | 94 | 34 | » | » | » |
| 50 | 62 | 89 | 76 | 95 | 60 | » | » | » |
| 51 | 64 | 15 | 77 | 96 | 85 | » | » | » |
| 52 | 65 | 41 | 78 | 98 | 11 | » | » | » |
| 53 | 66 | 67 | 79 | 99 | 37 | » | » | » |
| 54 | 67 | 92 | 80 | 100 | 63 | » | » | » |
| 55 | 69 | 18 | 81 | 101 | 89 | » | » | » |
| 56 | 70 | 44 | 82 | 103 | 14 | » | » | » |
| 57 | 71 | 70 | 83 | 104 | 40 | » | » | » |
| 58 | 72 | 95 | 84 | 105 | 66 | » | » | » |
| 59 | 74 | 21 | 85 | 106 | 92 | » | » | » |
| 60 | 75 | 47 | 86 | 108 | 18 | » | » | » |
| 61 | 76 | 73 | 87 | 109 | 43 | » | » | » |
| 62 | 77 | 99 | 88 | 110 | 70 | » | » | » |
| 63 | 79 | 24 | 89 | 111 | 95 | » | » | » |
| 64 | 80 | 50 | 90 | 113 | 20 | » | » | » |
| 65 | 81 | 76 | 91 | 114 | 46 | » | » | » |

# TABLE A′

## calculée pour la densité de 0,795.

| A tant les 100 kilogr., combien l'hectolitre? | | | | | |
|---|---|---|---|---|---|
| PRIX de | | PRIX de | | PRIX de | |
| 100 KILOGR. | L'HECTOLIT. | 100 KILOGR. | L'HECTOLIT. | 100 KILOGR. | L'HECTOLIT. |
| fr. | fr. | c. | fr. | fr. | c. | fr. | fr. | c. |
| 50 | 39 75 | 76 | 60 42 | 102 | 81 09 |
| 51 | 40 54 | 77 | 61 21 | 103 | 81 88 |
| 52 | 41 34 | 78 | 62 01 | 104 | 82 68 |
| 53 | 42 13 | 79 | 62 80 | 105 | 83 47 |
| 54 | 42 93 | 80 | 63 60 | 106 | 84 27 |
| 55 | 43 72 | 81 | 64 39 | 107 | 85 06 |
| 56 | 44 52 | 82 | 65 19 | 108 | 85 86 |
| 57 | 45 31 | 83 | 65 98 | 109 | 86 65 |
| 58 | 46 11 | 84 | 66 78 | 110 | 87 45 |
| 59 | 46 90 | 85 | 67 57 | 111 | 88 24 |
| 60 | 47 70 | 86 | 68 37 | 112 | 89 04 |
| 61 | 48 49 | 87 | 69 16 | 113 | 89 83 |
| 62 | 49 39 | 88 | 69 96 | 114 | 90 63 |
| 63 | 50 08 | 89 | 70 75 | 115 | 91 42 |
| 64 | 50 88 | 90 | 71 55 | 116 | 92 22 |
| 65 | 51 67 | 91 | 72 34 | 117 | 93 01 |
| 66 | 52 47 | 92 | 73 14 | 118 | 93 81 |
| 67 | 53 26 | 93 | 73 93 | 119 | 94 60 |
| 68 | 54 06 | 94 | 74 73 | 120 | 95 40 |
| 69 | 54 85 | 95 | 75 52 | 121 | 96 29 |
| 70 | 55 65 | 96 | 76 32 | 122 | 97 09 |
| 71 | 56 44 | 97 | 77 11 | 123 | 97 88 |
| 72 | 57 24 | 98 | 77 91 | 124 | 98 67 |
| 73 | 58 03 | 99 | 78 70 | 125 | 99 47 |
| 74 | 58 83 | 100 | 79 50 | 126 | 100 26 |
| 75 | 59 62 | 101 | 80 29 | » | » » |

# TABLE B

## calculée pour la densité de 0,800.

| A tant l'hectolitre, combien les 100 kilogr.? | | | | | |
| --- | --- | --- | --- | --- | --- |
| PRIX de | | PRIX de | | PRIX de | |
| L'HECTOLIT. | 100 KILOGR. | L'HECTOLIT. | 100 KILOGR. | L'HECTOLIT. | 100 KILOGR. |
| fr. | fr. c. | fr. | fr. c. | fr. | fr. c. |
| 40 | 50 00 | 66 | 82 50 | 92 | 115 00 |
| 41 | 51 25 | 67 | 83 75 | 93 | 116 25 |
| 42 | 52 50 | 68 | 85 00 | 94 | 117 50 |
| 43 | 53 75 | 69 | 86 25 | 95 | 118 75 |
| 44 | 55 00 | 70 | 87 50 | 96 | 120 00 |
| 45 | 56 25 | 71 | 88 75 | 97 | 121 25 |
| 46 | 57 50 | 72 | 90 00 | 98 | 122 50 |
| 47 | 58 75 | 73 | 91 25 | 99 | 123 75 |
| 48 | 60 00 | 74 | 92 50 | 100 | 125 00 |
| 49 | 61 25 | 75 | 93 75 | » | » » |
| 50 | 62 50 | 76 | 95 00 | » | » » |
| 51 | 63 75 | 77 | 96 25 | » | » » |
| 52 | 65 00 | 78 | 97 50 | » | » » |
| 53 | 66 25 | 79 | 98 75 | » | » » |
| 54 | 67 50 | 80 | 100 00 | » | » » |
| 55 | 68 75 | 81 | 101 25 | » | » » |
| 56 | 70 00 | 82 | 102 50 | » | » » |
| 57 | 71 25 | 83 | 103 75 | » | » » |
| 58 | 72 50 | 84 | 105 00 | » | » » |
| 59 | 73 75 | 85 | 106 25 | » | » » |
| 60 | 75 00 | 86 | 107 50 | » | » » |
| 61 | 76 25 | 87 | 108 75 | » | » » |
| 62 | 77 50 | 88 | 110 00 | » | » » |
| 63 | 78 75 | 89 | 111 25 | » | » » |
| 64 | 80 00 | 90 | 112 50 | » | » » |
| 65 | 81 25 | 91 | 113 75 | » | » » |

# TABLE B′

## calculée pour la densité de 0,800.

| A tant les 100 kilogr., combien l'hectolitre? | | | | | | | |
| --- | --- | --- | --- | --- | --- | --- | --- |
| PRIX de | | PRIX de | | | PRIX de | | |
| 100 KILOGR. | L'HECTOLIT. | 100 KILOGR. | L'HECTOLIT. | | 100 KILOGR. | L'HECTOLIT. | |
| fr. | fr. | c. | fr. | fr. | c. | fr. | fr. | c. |
| 50 | 40 | 00 | 76 | 60 | 80 | 102 | 81 | 60 |
| 51 | 40 | 80 | 77 | 61 | 60 | 103 | 82 | 40 |
| 52 | 41 | 60 | 78 | 62 | 40 | 104 | 83 | 20 |
| 53 | 42 | 40 | 79 | 63 | 20 | 105 | 84 | 00 |
| 54 | 43 | 20 | 80 | 64 | 00 | 106 | 84 | 80 |
| 55 | 44 | 00 | 81 | 64 | 80 | 107 | 85 | 60 |
| 56 | 44 | 80 | 82 | 65 | 60 | 108 | 86 | 40 |
| 57 | 45 | 60 | 83 | 66 | 40 | 109 | 87 | 20 |
| 58 | 46 | 40 | 84 | 67 | 20 | 110 | 88 | 00 |
| 59 | 47 | 20 | 85 | 68 | 00 | 111 | 88 | 80 |
| 60 | 48 | 00 | 86 | 68 | 80 | 112 | 89 | 60 |
| 61 | 48 | 80 | 87 | 69 | 60 | 113 | 90 | 40 |
| 62 | 49 | 60 | 88 | 70 | 40 | 114 | 91 | 20 |
| 63 | 50 | 40 | 89 | 71 | 20 | 115 | 92 | 00 |
| 64 | 51 | 20 | 90 | 72 | 00 | 116 | 92 | 80 |
| 65 | 52 | 00 | 91 | 72 | 80 | 117 | 93 | 60 |
| 66 | 52 | 80 | 92 | 73 | 60 | 118 | 94 | 40 |
| 67 | 53 | 60 | 93 | 74 | 40 | 119 | 95 | 20 |
| 68 | 54 | 40 | 94 | 75 | 20 | 120 | 96 | 00 |
| 69 | 55 | 20 | 95 | 76 | 00 | 121 | 96 | 80 |
| 70 | 56 | 00 | 96 | 76 | 80 | 122 | 97 | 60 |
| 71 | 56 | 80 | 97 | 77 | 60 | 123 | 98 | 40 |
| 72 | 57 | 60 | 98 | 78 | 40 | 124 | 99 | 20 |
| 73 | 58 | 40 | 99 | 79 | 20 | 125 | 100 | 00 |
| 74 | 59 | 20 | 100 | 80 | 00 | " | " | " |
| 75 | 60 | 00 | 101 | 80 | 80 | " | " | " |

# TABLE C

## calculée pour la densité de 0,805.

| A tant l'hectolitre, combien les 100 kilogr.? | | | | | |
| --- | --- | --- | --- | --- | --- |
| PRIX de | | PRIX de | | PRIX de | |
| L'HECTOLIT. | 100 KILOGR. | L'HECTOLIT. | 100 KILOGR. | L'HECTOLIT. | 100 KILOGR. |
| fr. | fr. c. | fr. | fr. c. | fr. | fr. c. |
| 10 | 49 69 | 66 | 81 99 | 92 | 114 28 |
| 11 | 50 93 | 67 | 83 23 | 93 | 115 53 |
| 12 | 52 17 | 68 | 84 47 | 94 | 116 77 |
| 13 | 53 42 | 69 | 85 71 | 95 | 118 01 |
| 14 | 54 66 | 70 | 86 96 | 96 | 119 25 |
| 15 | 55 90 | 71 | 88 20 | 97 | 120 50 |
| 16 | 57 14 | 72 | 89 44 | 98 | 121 74 |
| 17 | 58 38 | 73 | 90 68 | 99 | 122 98 |
| 18 | 59 63 | 74 | 91 93 | 100 | 124 22 |
| 19 | 60 87 | 75 | 93 17 | » | » » |
| 50 | 62 11 | 76 | 94 41 | » | » » |
| 51 | 63 35 | 77 | 95 65 | » | » » |
| 52 | 64 60 | 78 | 96 89 | » | » » |
| 53 | 65 84 | 79 | 98 14 | » | » » |
| 54 | 67 08 | 80 | 99 38 | » | » » |
| 55 | 68 32 | 81 | 100 62 | » | » » |
| 56 | 69 57 | 82 | 101 86 | » | » » |
| 57 | 70 81 | 83 | 102 63 | » | » » |
| 58 | 72 05 | 84 | 104 35 | » | » » |
| 59 | 73 29 | 85 | 105 59 | » | » » |
| 60 | 74 54 | 86 | 106 83 | » | » » |
| 61 | 75 78 | 87 | 108 07 | » | » » |
| 62 | 77 02 | 88 | 109 32 | » | » » |
| 63 | 78 26 | 89 | 110 56 | » | » » |
| 64 | 79 50 | 90 | 111 80 | » | » » |
| 65 | 80 75 | 91 | 113 04 | » | » » |

# TABLE C'

## calculée pour la densité de 0,805.

| A tant les 100 kilogr., combien l'hectolitre? | | | | | |
|---|---|---|---|---|---|
| PRIX de | | PRIX de | | PRIX de | |
| 100 KILOGR. | 1 HECTOLIT. | 100 KILOGR. | 1 HECTOLIT. | 100 KILOGR. | 1 HECTOLIT. |
| fr. | fr. c. | fr. | fr. c. | fr. | fr. c. |
| 50 | 40 25 | 76 | 61 18 | 102 | 82 11 |
| 51 | 41 05 | 77 | 61 98 | 103 | 82 91 |
| 52 | 41 86 | 78 | 62 79 | 104 | 83 72 |
| 53 | 42 66 | 79 | 63 59 | 105 | 84 52 |
| 54 | 43 47 | 80 | 64 40 | 106 | 85 33 |
| 55 | 44 27 | 81 | 65 20 | 107 | 86 13 |
| 56 | 45 08 | 82 | 66 01 | 108 | 86 93 |
| 57 | 45 88 | 83 | 66 81 | 109 | 87 74 |
| 58 | 46 69 | 84 | 67 62 | 110 | 88 55 |
| 59 | 47 49 | 85 | 68 42 | 111 | 89 35 |
| 60 | 48 30 | 86 | 69 23 | 112 | 90 16 |
| 61 | 49 10 | 87 | 70 03 | 113 | 90 96 |
| 62 | 49 91 | 88 | 70 84 | 114 | 91 77 |
| 63 | 50 71 | 89 | 71 64 | 115 | 92 57 |
| 64 | 51 52 | 90 | 72 45 | 116 | 93 38 |
| 65 | 52 32 | 91 | 73 25 | 117 | 94 18 |
| 66 | 53 13 | 92 | 74 06 | 118 | 94 99 |
| 67 | 53 93 | 93 | 74 86 | 119 | 95 79 |
| 68 | 54 74 | 94 | 75 67 | 120 | 96 50 |
| 69 | 55 54 | 95 | 76 47 | 121 | 97 40 |
| 70 | 56 35 | 96 | 77 28 | 122 | 98 21 |
| 71 | 57 15 | 97 | 78 08 | 123 | 99 01 |
| 72 | 57 96 | 98 | 78 89 | 124 | 99 82 |
| 73 | 58 76 | 99 | 79 69 | 125 | 100 62 |
| 74 | 59 57 | 100 | 80 50 | » | » » |
| 75 | 60 37 | 101 | 81 30 | » | » » |

# TABLE D

## calculée pour la densité de 0,810.

| A tant l'hectolitre, combien les 100 kilogr. ? | | | | | |
| --- | --- | --- | --- | --- | --- |
| PRIX de | | PRIX de | | PRIX de | |
| L'HECTOLIT. | 100 KILOGR. | L'HECTOLIT. | 100 KILOGR. | L'HECTOLIT. | 100 KILOGR. |
| fr. | fr. c. | fr. | fr. c. | fr. | fr. c. |
| 40 | 49 38 | 66 | 81 48 | 92 | 113 58 |
| 41 | 50 62 | 67 | 82 72 | 93 | 114 81 |
| 42 | 51 85 | 68 | 83 95 | 94 | 116 05 |
| 43 | 53 09 | 69 | 85 18 | 95 | 117 28 |
| 44 | 54 32 | 70 | 86 42 | 96 | 118 52 |
| 45 | 55 55 | 71 | 87 65 | 97 | 119 75 |
| 46 | 56 79 | 72 | 88 89 | 98 | 120 99 |
| 47 | 58 02 | 73 | 90 12 | 99 | 122 22 |
| 48 | 59 26 | 74 | 91 36 | 100 | 123 46 |
| 49 | 60 49 | 75 | 92 59 | » | » » |
| 50 | 61 73 | 76 | 93 83 | » | » » |
| 51 | 62 96 | 77 | 95 06 | » | » » |
| 52 | 64 20 | 78 | 96 30 | » | » » |
| 53 | 65 43 | 79 | 97 53 | » | » » |
| 54 | 66 67 | 80 | 98 76 | » | » » |
| 55 | 67 90 | 81 | 100 00 | » | » » |
| 56 | 69 14 | 82 | 101 23 | » | » » |
| 57 | 70 36 | 83 | 102 47 | » | » » |
| 58 | 71 60 | 84 | 103 70 | » | » » |
| 59 | 72 84 | 85 | 104 94 | » | » » |
| 60 | 74 07 | 86 | 106 17 | » | » » |
| 61 | 75 31 | 87 | 107 40 | » | » » |
| 62 | 76 54 | 88 | 108 64 | » | » » |
| 63 | 77 78 | 89 | 109 87 | » | » » |
| 64 | 79 01 | 90 | 111 11 | » | » » |
| 65 | 80 25 | 91 | 112 34 | » | » » |

# TABLE D'

## calculée pour la densité de 0,810.

| A tant les 100 kilogr., combien l'hectolitre? | | | | | |
|---|---|---|---|---|---|
| PRIX de | | PRIX de | | PRIX de | |
| 100 KILOGR. | 1 HECTOLIT. | 100 KILOGR. | 1 HECTOLIT. | 100 KILOGR. | 1 HECTOLIT. |
| fr. | fr. c. | fr. | fr. c. | fr. | fr. c. |
| 50 | 40 50 | 76 | 61 56 | 102 | 82 62 |
| 51 | 41 31 | 77 | 62 37 | 103 | 83 43 |
| 52 | 42 12 | 78 | 63 18 | 104 | 84 24 |
| 53 | 42 93 | 79 | 63 99 | 105 | 85 05 |
| 54 | 43 74 | 80 | 64 80 | 106 | 85 86 |
| 55 | 44 55 | 81 | 65 61 | 107 | 86 67 |
| 56 | 45 36 | 82 | 66 42 | 108 | 87 48 |
| 57 | 46 17 | 83 | 67 23 | 109 | 88 29 |
| 58 | 46 98 | 84 | 68 04 | 110 | 89 10 |
| 59 | 47 79 | 85 | 68 85 | 111 | 89 91 |
| 60 | 48 60 | 86 | 69 66 | 112 | 90 72 |
| 61 | 49 41 | 87 | 70 47 | 113 | 91 53 |
| 62 | 50 22 | 88 | 71 28 | 114 | 92 34 |
| 63 | 51 03 | 89 | 72 09 | 115 | 93 15 |
| 64 | 51 84 | 90 | 72 90 | 116 | 93 96 |
| 65 | 52 65 | 91 | 73 71 | 117 | 94 77 |
| 66 | 53 46 | 92 | 74 52 | 118 | 95 58 |
| 67 | 54 27 | 93 | 75 33 | 119 | 96 39 |
| 68 | 55 08 | 94 | 76 14 | 120 | 97 20 |
| 69 | 55 89 | 95 | 76 95 | 121 | 98 01 |
| 70 | 56 60 | 96 | 77 76 | 122 | 98 82 |
| 71 | 57 51 | 97 | 78 57 | 123 | 99 63 |
| 72 | 58 32 | 98 | 79 38 | 124 | 100 44 |
| 73 | 59 13 | 99 | 80 19 | 125 | 101 25 |
| 74 | 59 94 | 100 | 81 00 | » | » » |
| 75 | 60 75 | 101 | 81 81 | » | » » |

# TABLE E

## calculée pour la densité de 0,815.

| A tant l'hectolitre, combien les 100 kilogr.? | | | | | |
|---|---|---|---|---|---|
| PRIX de | | PRIX de | | PRIX de | |
| L'HECTOLIT. | 100 KILOGR. | L'HECTOLIT. | 100 KILOGR. | L'HECTOLIT. | 100 KILOGR. |
| fr. | fr. c. | fr. | fr. c. | fr. | fr. c. |
| 40 | 49 08 | 66 | 80 98 | 92 | 112 88 |
| 41 | 50 30 | 67 | 82 21 | 93 | 114 11 |
| 42 | 51 53 | 68 | 83 43 | 94 | 115 34 |
| 43 | 52 76 | 69 | 84 66 | 95 | 116 56 |
| 44 | 53 99 | 70 | 85 89 | 96 | 117 79 |
| 45 | 55 21 | 71 | 87 12 | 97 | 119 02 |
| 46 | 56 44 | 72 | 88 35 | 98 | 120 24 |
| 47 | 57 67 | 73 | 89 57 | 99 | 121 47 |
| 48 | 58 90 | 74 | 90 80 | 100 | 122 70 |
| 49 | 60 12 | 75 | 92 02 | 101 | 123 93 |
| 50 | 61 35 | 76 | 93 25 | 102 | 125 15 |
| 51 | 62 58 | 77 | 94 48 | » | » » |
| 52 | 63 80 | 78 | 95 70 | » | » » |
| 53 | 65 03 | 79 | 96 93 | » | » » |
| 54 | 66 26 | 80 | 98 16 | » | » » |
| 55 | 67 48 | 81 | 99 39 | » | » » |
| 56 | 68 71 | 82 | 100 61 | » | » » |
| 57 | 69 94 | 83 | 101 84 | » | » » |
| 58 | 71 16 | 84 | 103 07 | » | » » |
| 59 | 72 39 | 85 | 104 29 | » | » » |
| 60 | 73 62 | 86 | 105 52 | » | » » |
| 61 | 74 85 | 87 | 106 75 | » | » » |
| 62 | 76 07 | 88 | 107 98 | » | » » |
| 63 | 77 30 | 89 | 109 20 | » | » » |
| 64 | 78 53 | 90 | 110 43 | » | » » |
| 65 | 79 75 | 91 | 111 66 | » | » » |

# TABLE E'

**calculée pour la densité de 0,815.**

| A tant les 100 kilogr., combien l'hectolitre? | | | | | | | | |
| --- | --- | --- | --- | --- | --- | --- | --- | --- |
| PRIX de | | | PRIX de | | | PRIX de | | |
| 100 KILOGR. | L'HECTOLIT. | | 100 KILOGR. | L'HECTOLIT. | | 100 KILOGR. | L'HECTOLIT. | |
| fr. | fr. | c. | fr. | fr. | c. | fr. | fr. | c. |
| 50 | 40 | 75 | 76 | 61 | 94 | 102 | 83 | 13 |
| 51 | 41 | 56 | 77 | 62 | 75 | 103 | 83 | 95 |
| 52 | 42 | 38 | 78 | 63 | 57 | 104 | 84 | 76 |
| 53 | 43 | 20 | 79 | 64 | 38 | 105 | 85 | 57 |
| 54 | 44 | 01 | 80 | 65 | 20 | 106 | 86 | 39 |
| 55 | 44 | 82 | 81 | 66 | 01 | 107 | 87 | 20 |
| 56 | 45 | 64 | 82 | 66 | 83 | 108 | 88 | 02 |
| 57 | 46 | 45 | 83 | 67 | 65 | 109 | 88 | 83 |
| 58 | 47 | 27 | 84 | 68 | 46 | 110 | 89 | 65 |
| 59 | 48 | 08 | 85 | 69 | 27 | 111 | 90 | 46 |
| 60 | 48 | 90 | 86 | 70 | 09 | 112 | 91 | 28 |
| 61 | 49 | 71 | 87 | 70 | 90 | 113 | 92 | 10 |
| 62 | 50 | 53 | 88 | 71 | 72 | 114 | 92 | 91 |
| 63 | 51 | 34 | 89 | 72 | 53 | 115 | 93 | 72 |
| 64 | 52 | 16 | 90 | 73 | 35 | 116 | 94 | 53 |
| 65 | 52 | 97 | 91 | 74 | 16 | 117 | 95 | 35 |
| 66 | 53 | 79 | 92 | 74 | 98 | 118 | 96 | 16 |
| 67 | 54 | 60 | 93 | 75 | 80 | 119 | 96 | 98 |
| 68 | 55 | 42 | 94 | 76 | 61 | 120 | 97 | 72 |
| 69 | 56 | 23 | 95 | 77 | 42 | 121 | 98 | 61 |
| 70 | 57 | 05 | 96 | 78 | 24 | 122 | 99 | 43 |
| 71 | 57 | 86 | 97 | 79 | 05 | 123 | 100 | 24 |
| 72 | 58 | 68 | 98 | 79 | 87 | 124 | 101 | 06 |
| 73 | 59 | 50 | 99 | 80 | 68 | 125 | 101 | 87 |
| 74 | 60 | 31 | 100 | 81 | 50 | » | » | » |
| 75 | 61 | 12 | 101 | 82 | 31 | » | » | » |

## TABLE F

| A tant l'hectolitre, combien le gallon? | | | | | |
| --- | --- | --- | --- | --- | --- |
| PRIX de | | PRIX de | | PRIX de | |
| 1 HECTOLIT. | 1 GALLON. | 1 HECTOLIT. | 1 GALLON. | 1 HECTOLIT. | 1 GALLON. |
| fr. | fr. c. | fr. | fr. c. | fr. | fr. c. |
| 40 | 1 82 | 61 | 2 77 | 82 | 3 72 |
| 41 | 1 86 | 62 | 2 82 | 83 | 3 77 |
| 42 | 1 91 | 63 | 2 86 | 84 | 3 82 |
| 43 | 1 95 | 64 | 2 91 | 85 | 3 86 |
| 44 | 2 00 | 65 | 2 95 | 86 | 3 91 |
| 45 | 2 04 | 66 | 3 00 | 87 | 3 96 |
| 46 | 2 09 | 67 | 3 04 | 88 | 4 00 |
| 47 | 2 13 | 68 | 3 09 | 89 | 4 04 |
| 48 | 2 18 | 69 | 3 13 | 90 | 4 09 |
| 49 | 2 23 | 70 | 3 18 | 91 | 4 13 |
| 50 | 2 27 | 71 | 3 23 | 92 | 4 18 |
| 51 | 2 32 | 72 | 3 27 | 93 | 4 22 |
| 52 | 2 36 | 73 | 3 32 | 94 | 4 27 |
| 53 | 2 41 | 74 | 3 36 | 95 | 4 31 |
| 54 | 2 45 | 75 | 3 41 | 96 | 4 36 |
| 55 | 2 50 | 76 | 3 45 | 97 | 4 41 |
| 56 | 2 54 | 77 | 3 50 | 98 | 4 45 |
| 57 | 2 58 | 78 | 3 54 | 99 | 4 50 |
| 58 | 2 63 | 79 | 3 59 | 100 | 4 54 |
| 59 | 2 68 | 80 | 3 63 | 101 | 4 59 |
| 60 | 2 73 | 81 | 3 68 | 102 | 4 63 |

# TABLE F′

| A tant le gallon, combien l'hectolitre? | | | | | |
| --- | --- | --- | --- | --- | --- |
| PRIX de | | PRIX de | | PRIX de | |
| 1 GALLON. | 1 HECTOLIT. | 1 GALLON. | 1 HECTOLIT. | 1 GALLON. | 1 HECTOLIT. |
| fr. c. | fr. c. | fr. c. | fr. c. | fr. c. | fr. c. |
| 1 90 | 41 82 | 2 90 | 63 83 | 3 90 | 85 84 |
| 2 00 | 44 02 | 3 00 | 66 03 | 4 00 | 88 04 |
| 2 10 | 46 22 | 3 10 | 68 23 | 4 10 | 90 24 |
| 2 20 | 48 42 | 3 20 | 70 43 | 4 20 | 92 44 |
| 2 30 | 50 62 | 3 30 | 72 63 | 4 30 | 94 64 |
| 2 40 | 52 82 | 3 40 | 74 83 | 4 40 | 96 84 |
| 2 50 | 55 02 | 3 50 | 77 03 | 4 50 | 99 04 |
| 2 60 | 57 23 | 3 60 | 79 24 | 4 60 | 101 25 |
| 2 70 | 59 43 | 3 70 | 81 44 | » » | » » |
| 2 80 | 61 63 | 3 80 | 83 64 | » » | » » |

## TABLE G

| PRIX ANGLAIS | | | | | | | | | | | | | | |
|---|---|---|---|---|---|---|---|---|---|---|---|---|---|---|
| EXPRIMÉS EN VALEURS FRANÇAISES. | | | | | | | | | | | | | | |
| l. | sh. | d. | fr. | c. | l. | sh. | d. | fr. | c. | l. | sh. | d. | fr. | c. |
| » | 1 | » | 1 | 25 | » | 3 | 8 | 4 | 58 | 11 | 10 | » | 287 | 50 |
| » | 1 | 1 | 1 | 35 | » | 3 | 9 | 4 | 69 | 12 | » | » | 300 | » |
| » | 1 | 2 | 1 | 46 | » | 3 | 10 | 4 | 79 | 12 | 10 | » | 312 | 50 |
| » | 1 | 3 | 1 | 56 | » | 3 | 11 | 4 | 89 | 13 | » | » | 325 | » |
| » | 1 | 4 | 1 | 67 | » | 4 | » | 5 | » | 13 | 10 | » | 337 | 50 |
| » | 1 | 5 | 1 | 77 | » | 5 | » | 6 | 25 | 14 | » | » | 350 | » |
| » | 1 | 6 | 1 | 87 | » | 6 | » | 7 | 50 | 14 | 10 | » | 367 | 50 |
| » | 1 | 7 | 1 | 98 | » | 7 | » | 8 | 75 | 15 | » | » | 375 | » |
| » | 1 | 8 | 2 | 08 | » | 8 | » | 10 | » | 15 | 10 | » | 387 | 50 |
| » | 1 | 9 | 2 | 19 | » | 9 | » | 11 | 25 | 16 | » | » | 400 | » |
| » | 1 | 10 | 2 | 29 | » | 10 | » | 12 | 50 | 16 | 10 | » | 412 | 50 |
| » | 1 | 11 | 2 | 40 | 1 | » | » | 25 | » | 17 | » | » | 425 | » |
| » | 2 | » | 2 | 50 | 1 | 10 | » | 37 | 50 | 17 | 10 | » | 437 | 50 |
| » | 2 | 1 | 2 | 60 | 2 | » | » | 50 | » | 18 | » | » | 450 | » |
| » | 2 | 2 | 2 | 71 | 2 | 10 | » | 62 | 50 | 18 | 10 | » | 467 | 50 |
| » | 2 | 3 | 2 | 81 | 3 | » | » | 75 | » | 19 | » | » | 475 | » |
| » | 2 | 4 | 2 | 92 | 3 | 10 | » | 87 | 50 | 19 | 10 | » | 487 | 50 |
| » | 2 | 5 | 3 | 02 | 4 | » | » | 100 | » | 20 | » | » | 500 | » |
| » | 2 | 6 | 3 | 12 | 4 | 10 | » | 112 | 50 | 20 | 10 | » | 512 | 50 |
| » | 2 | 7 | 3 | 23 | 5 | » | » | 125 | » | 21 | » | » | 525 | » |
| » | 2 | 8 | 3 | 33 | 5 | 10 | » | 137 | 50 | 21 | 10 | » | 537 | 50 |
| » | 2 | 9 | 3 | 44 | 6 | » | » | 150 | » | 22 | » | » | 550 | » |
| » | 2 | 10 | 3 | 54 | 6 | 10 | » | 162 | 50 | 22 | 10 | » | 562 | 50 |
| » | 2 | 11 | 3 | 65 | 7 | » | » | 175 | » | 23 | » | » | 575 | » |
| » | 3 | » | 3 | 75 | 7 - | 10 | » | 187 | 50 | 23 | 10 | » | 587 | 50 |
| » | 3 | 1 | 3 | 85 | 8 | » | » | 200 | » | 24 | » | » | 600 | » |
| » | 3 | 2 | 3 | 96 | 8 | 10 | » | 212 | 50 | | | | | |
| » | 3 | 3 | 4 | 06 | 9 | » | » | 225 | » | | | | | |
| » | 3 | 4 | 4 | 17 | 9 | 10 | » | 237 | 50 | | | | | |
| » | 3 | 5 | 4 | 27 | 10 | » | » | 250 | » | | | | | |
| » | 3 | 6 | 4 | 37 | 10 | 10 | » | 262 | 50 | | | | | |
| » | 3 | 7 | 4 | 48 | 11 | » | » | 275 | » | | | | | |

## TABLE G'

### PRIX FRANÇAIS
#### EXPRIMÉS EN VALEURS ANGLAISES.

| fr. | c. | l. | sh. | d. | fr. | c. | l. | sh. | d. | fr. | c. | l. | sh. | d. |
|---|---|---|---|---|---|---|---|---|---|---|---|---|---|---|
| 1 | 50 | » | 1 | 2 ½ | 4 | 70 | » | 3 | 9 | 250 | » | 10 | » | » |
| 1 | 60 | » | 1 | 3 ¼ | 4 | 80 | » | 3 | 10 | 260 | » | 10 | 8 | » |
| 1 | 70 | » | 1 | 4 ¼ | 4 | 90 | » | 3 | 11 | 270 | » | 10 | 16 | » |
| 1 | 80 | » | 1 | 5 ⅛ | 5 | » | » | 4 | » | 280 | » | 11 | 4 | » |
| 1 | 90 | » | 1 | 6 ¼ | 6 | » | » | 4 | 9 ½ | 290 | » | 11 | 12 | » |
| 2 | » | » | 1 | 7 ¼ | 7 | » | » | 5 | 7 ¼ | 300 | » | 12 | » | » |
| 2 | 10 | » | 1 | 8 ¼ | 8 | » | » | 6 | 4 ¾ | 310 | » | 12 | 8 | » |
| 2 | 20 | » | 1 | 9 | 9 | » | » | 7 | 2 ½ | 320 | » | 12 | 16 | » |
| 2 | 30 | » | 1 | 10 | 10 | » | » | 8 | » | 330 | » | 13 | 4 | » |
| 2 | 40 | » | 1 | 11 | 20 | » | » | 16 | » | 340 | » | 13 | 12 | » |
| 2 | 50 | » | 2 | » | 30 | » | 1 | 4 | » | 350 | » | 14 | » | » |
| 2 | 60 | » | 2 | 1 | 40 | » | 1 | 12 | » | 360 | » | 14 | 8 | » |
| 2 | 70 | » | 2 | 2 | 50 | » | 2 | » | » | 370 | » | 14 | 16 | » |
| 2 | 80 | » | 2 | 3 | 60 | » | 2 | 8 | » | 380 | » | 15 | 4 | » |
| 2 | 90 | » | 2 | 3 ¾ | 70 | » | 2 | 16 | » | 390 | » | 15 | 12 | » |
| 3 | » | » | 2 | 4 ¾ | 80 | » | 3 | 4 | » | 400 | » | 16 | » | » |
| 3 | 10 | » | 2 | 5 ¾ | 90 | » | 3 | 12 | » | 410 | » | 16 | 8 | » |
| 3 | 20 | » | 2 | 6 ¾ | 100 | » | 4 | » | » | 420 | » | 16 | 16 | » |
| 3 | 30 | » | 2 | 7 ¾ | 110 | » | 4 | 8 | » | 430 | » | 17 | 4 | » |
| 3 | 40 | » | 2 | 8 ¾ | 120 | » | 4 | 16 | » | 440 | » | 17 | 12 | » |
| 3 | 50 | » | 2 | 9 ½ | 130 | » | 5 | 4 | » | 450 | » | 18 | » | » |
| 3 | 60 | » | 2 | 10 ½ | 140 | » | 5 | 12 | » | 460 | » | 18 | 8 | » |
| 3 | 70 | » | 2 | 11 ½ | 150 | » | 6 | » | » | 470 | » | 18 | 16 | » |
| 3 | 80 | » | 3 | 0 ½ | 160 | » | 6 | 8 | » | 480 | » | 19 | 4 | » |
| 3 | 90 | » | 3 | 1 ½ | 170 | » | 6 | 16 | » | 490 | » | 19 | 12 | » |
| 4 | » | » | 3 | 2 ½ | 180 | » | 7 | 4 | » | 500 | » | 20 | 8 | » |
| 4 | 10 | » | 3 | 3 ¼ | 190 | » | 7 | 12 | » | 525 | » | 21 | » | » |
| 4 | 20 | » | 3 | 4 ¼ | 200 | » | 8 | » | » | 550 | » | 22 | » | » |
| 4 | 30 | » | 3 | 5 ¼ | 210 | » | 8 | 8 | » | 575 | » | 23 | » | » |
| 4 | 40 | » | 3 | 6 ¼ | 220 | » | 8 | 16 | » | 600 | » | 24 | » | » |
| 4 | 50 | » | 3 | 7 ¼ | 230 | » | 9 | 4 | » | | | | | |
| 4 | 60 | » | 3 | 8 ¼ | 240 | » | 9 | 12 | » | | | | | |

## TABLE H

| POIDS ANGLAIS. | VALEUR EN POIDS DÉCIMAUX. |
|---|---|
| Unité : POUND (*livre*), se divise en 16 onces, et l'once en 16 DRAMS. | $0^{kil.},453$, en négligeant la fraction de gramme. |
| GALLON-WEIGHT, nouveau poids pesant 8 livres anglaises, admis par le commerce de Liverpool depuis le 1er avril 1864 seulement. | $3^{kil},627.$ |
| HUNDRED-WEIGHT-QUINTAL (et par abréviation : CWT), pèse 112 livres. | $50^{kil},780.$ |

| MESURES ANGLAISES (POUR LES LIQUIDES). | VALEUR EN MESURES DÉCIMALES. |
|---|---|
| Unité : IMPERIAL-GALLON, contient 10 livres anglaises d'eau distillée à + 15 degrés centigrades de température. | $4^{lit},543745797,$ ou approximativement $4^{lit},54.$ |
| BARREL, baril de 32 gallons. | 144 litres ou $1^{hect},44.$ |

| MONNAIES ANGLAISES. | VALEUR EN FRANCS ET CENTIMES. |
|---|---|
| Unité : SHILLING, se divise en 12 pence (pluriel de penny) et en pièces d'argent de $\frac{1}{2}$ shilling ou 6 pence, $\frac{1}{3}$ de shilling ou 4 pence, et $\frac{1}{4}$ de shilling ou 3 pence. | $1^{fr},25.$ |
| DENIER ou PENNY, douzième partie du shilling (monnaie de cuivre de même forme et même valeur à peu près que le décime français, par abréviation : D.). | $10^{cent},416,$ ou approximativement 10 centimes. |
| Il y aussi le $\frac{1}{2}$ ou HALF-PENNY, | $5^{c},208$, approxim$^t$ 5 cent. |
| et le $\frac{1}{4}$ de penny, appelé FARTHING. | $2^{c},60415$, approx$^t$ $2^{c}\frac{1}{2}.$ |
| SOVEREING, SOUVERAIN, POUND ou LIVRE STERLING, vaut 20 sh. monnaie d'or ; abrév. : £. | 25 francs. |
| GUINÉE, valeur purement nominale, n'ayant pas de monnaie représentative et valant 21 sh. | 26 fr. 25. |

# TABLE II'

| POIDS DÉCIMAUX. | VALEUR<br>EN POIDS ANGLAIS. |
|---|---|
| Unité : GRAMME (poids de **1** centimètre cube d'eau distillée à la température de **0** degré).<br><br>KILOGRAMME (poids de **1,000** grammes). | en drams, 0,5646<br>en once, 0,0353<br>en livre, 0,0022<br><br>en drams, 564,6228<br>en onces, 35,2883<br>en livres, 2,2055 |

| MESURES DÉCIMALES<br>POUR LES LIQUIDES. | VALEUR<br>EN MESURES ANGLAISES. |
|---|---|
| Unité : LITRE (capacité de **1** décimètre cube).<br><br>HECTOLITRE (100 litres). | en gallon, 0,2201<br>en gallons, 22,00967<br>en négligeant la fraction,<br>ou approximativement,<br>22 gallons. |

| MONNAIES DÉCIMALES. | VALEUR<br>EN MONNAIES ANGLAISES. |
|---|---|
| Unité : FRANC, monnaie d'argent, du poids de 5 grammes, qui se divise en **10** décimes ou en **100** centimes.<br>Il se divise aussi en pièces d'argent de $\frac{1}{2}$ franc ou 50 centimes, et de $\frac{1}{5}$ de franc ou 20 centimes. | en shilling, 0,8.<br>en pence, 9 $\frac{1}{2}$ à peu près,<br>et plus exactement 9p,6. |
| DÉCIME, monnaie de cuivre qui vaut 10 centimes ou $\frac{1}{10}$ de franc. | exactement, 0p,96,<br>approximativement, 1 penny. |
| CENTIME, ou $\frac{1}{100}$ de franc. | N'a pas sa représentation en Angleterre, où l'on ne fait point usage de monnaie aussi minime; sa valeur est de 0,008 de shilling. |
| Louis d'or ou napoléon de 20 francs. | 10 shillings ou 0,8 de souver. |

# NOTE.

Pendant l'impression de cet ouvrage, M. le Préfet de police a pris, relativement à l'emploi des huiles de pétrole, une ordonnance que nous croyons utile de reproduire ici.

*Ordonnance qui prescrit la publication de l'instruction du Conseil de salubrité concernant l'emploi des huiles de pétrole destinées à l'éclairage.*

Paris, 15 juillet 1864.

Nous, Préfet de police,

Considérant que plusieurs accidents ont été causés par les huiles de pétrole destinées à l'éclairage;

Que la cause de ces accidents doit être attribuée à l'ignorance où l'on est, en général, des mesures de précaution à prendre pour l'emploi de ces huiles;

Ordonnons ce qui suit :

ARTICLE UNIQUE. L'instruction du Conseil d'hygiène publique et de salubrité du département de la Seine, concernant l'emploi des huiles de pétrole destinées à l'éclairage, sera imprimée et affichée à Paris et dans les communes du ressort de la préfecture de police.

*Le Préfet de police,*

BOITTELLE.

*Instruction concernant l'emploi des huiles de pétrole desti-
nées à l'éclairage, approuvée par le Préfet de police
le **29 juin 1864**.*

———

L'emploi de l'huile de pétrole présentant des dangers, il importe de faire connaître au public les précautions à prendre
pour les éviter.

L'huile de pétrole, convenablement épurée, est à peu près
incolore. Le litre ne doit pas peser moins de 800 grammes. Elle
ne prend pas feu immédiatement par le contact d'un corps enflammé.

Pour constater cette propriété essentielle, on verse du pétrole dans une soucoupe, et l'on touche la surface du liquide
avec la flamme d'une allumette; si le pétrole a été dépouillé
des huiles légères, très-combustibles, non-seulement il ne s'allume pas, mais si l'on y jette l'allumette enflammée, elle s'éteint
après avoir continué à brûler pendant quelques instants.

Toute huile minérale destinée à l'éclairage, qui ne soutient
pas cette épreuve, doit être rejetée comme pouvant donner lieu,
par son usage, à des dangers sérieux.

L'huile de pétrole, alors même qu'elle ne renferme plus les
essences légères dites *naphtes*, qui lui communiquent la faculté
de s'allumer au contact d'une flamme, n'en est pas moins une
des matières les plus combustibles que l'on connaisse; si elle
imbibe des tissus de lin, de coton ou de laine, son inflammabilité est singulièrement exaltée; aussi son emmagasinage, son
débit exigent-ils une grande circonspection.

L'huile de pétrole doit être conservée ou transportée dans des
réservoirs ou dans des vases en métal. Les dépôts doivent être

éclairés par des lampes placées à l'extérieur ou par des lampes de sûreté.

*Lampes.* — Une lampe destinée à brûler du pétrole ou toute autre huile minérale ne doit avoir aucune gerçure, aucune fêlure établissant une communication directe avec l'enceinte où la mèche fonctionne. Le réservoir doit contenir plus d'huile que l'on n'en peut brûler en une seule fois, afin que la lampe ne puisse pas être vide pendant qu'elle brûle.

Les réservoirs en matière transparente, comme le verre, la porcelaine, sont préférables, parce qu'ils permettent d'apprécier le volume de l'huile qui y est contenue.

Les parois des réservoirs doivent être épaisses, les ajustages qui les surmontent doivent être fixés, non pas à simple frottement, mais par un mastic inattaquable par les huiles minérales.

Le pied des lampes doit être lourd et présenter assez de base pour donner plus de stabilité et diminuer les chances de versement.

*Emploi de l'huile dans les lampes.* — Avant d'allumer une lampe, on doit la remplir complétement, et ensuite la fermer avec soin.

Lorsque l'huile est sur le point d'être épuisée, il faut éteindre et laisser refroidir la lampe avant de l'ouvrir pour la remplir. Dans le cas où l'on voudrait introduire l'huile dans la lampe éteinte avant son complet refroidissement, il est indispensable de tenir éloignée la lumière avec laquelle on éclaire pour procéder à cette opération.

Si le verre d'une lampe vient à casser, il faut éteindre immédiatement, afin de prévenir l'échauffement des garnitures métalliques. Cet échauffement, quand il atteint une certaine intensité, vaporise l'huile contenue dans le réservoir ; la vapeur peut prendre feu, déterminer une explosion entraînant la destruction de la lampe et, par suite, l'écoulement d'un liquide toujours très-inflammable et souvent même déjà enflammé.

Le sable, la terre, les cendres, le grès, sont préférables à l'eau pour éteindre les huiles minérales en combustion.

*Brûlures.* — En cas de brûlures, et avant l'arrivée du médecin, il sera très-utile de couvrir les parties blessées avec des compresses imbibées d'eau fraîche, souvent renouvelées.

*Les membres de la Commission,*

BOUDET,
CHEVALIER,
BOUSSINGAULT, rapporteur.

Lu et approuvé dans la séance du 20 mai 1864.

*Pour le vice-président,*                    *Le secrétaire,*

CHEVALIER.                                   TRÉBUCHET.

FIN.

# LIBRAIRIE DE GAUTHIER-VILLARS,

## SUCCESSEUR DE MALLET-BACHELIER,

## QUAI DES AUGUSTINS, 55, A PARIS.

---

En envoyant un mandat sur la Poste ou des timbres-poste, on reçoit les Ouvrages *franco* dans toute la France.

---

**ARAGO** (F.), secrétaire perpétuel de l'Académie des Sciences.
**ŒUVRES COMPLÈTES.** 17 vol. in-8. . . . . . . . 135 fr.
    Chaque volume se vend séparément, à l'exception du volume de Tables. . . . . . . . . . . 7 fr. 50
    **NOTICES BIOGRAPHIQUES.** 3 vol.
    **NOTICES SCIENTIFIQUES.** 5 vol.
    **ASTRONOMIE POPULAIRE.** 4 vol.
    **MÉMOIRES SCIENTIFIQUES.** 2 vol.
    **VOYAGES SCIENTIFIQUES.** 1 vol.
    **MÉLANGES.** 1 vol.
    **TABLE GÉNÉRALE.** 1 vol. . . . . . . . . . 15 fr.

**BABINET**, membre de l'Institut (Académie des Sciences). — **ÉTUDES ET LECTURES SUR LES SCIENCES D'OBSERVATION ET LEURS APPLICATIONS PRATIQUES.** In-2, sur papier fin.
    Chaque volume se vend séparément. . . . . 2 fr. 50
    **1er volume** : *sur les Mouvements extraordinaires de la mer, — les Comètes au XIXe siècle, — la Télégraphie électrique, — l'Astronomie en 1852 et 1853, — Astronomie descriptive, — la Perspective aérienne, — le Stéréoscope et la vision binoculaire, — Voyage dans le ciel.*
    **2e volume** : *les Tables tournantes et les manifestations prétendues surnaturelles, — l'Électricité ouvrière, — la Sibérie et les climats du Nord, — Influence des courants de la mer sur les climats, — sur les Tremblements de terre et sur la constitution intérieure du globe, — Bulletin de l'Astronomie et des Sciences pour 1853 et 1854, — de l'Arrosement du globe, — des Tables tournantes au point de vue de la Mécanique et de la Physiologie, — la Météorologie en 1854 et ses progrès futurs.*
    **3e volume** : *du Diamant et des Pierres précieuses, — des Phares et de la Lumière artificielle, — Physique du globe, — Quillebœuf, — la Méditerranée, — de la Pluralité des mondes.*
    **4e volume** : *la Terre avant les époques géologiques, — de la Constitution intérieure du globe terrestre et des Tremblements de*

*terre,— de la Pluie et des inondations,— l'Astronomie en* 1855, — *les Saisons sur la terre et dans les autres planètes, — sur les Progrès récents de la Galvanoplastie, — de l'Application des Mathématiques transcendantes, — la Vie aux divers âges de la terre,— des Eaux minérales et de la Chaleur centrale de la terre.*

5ᵉ **volume** : *sur la Sécheresse, les Irrigations et les Reboisements. — (Séance des cinq Académies,* 1858.*)— XIX Articles sur l'Astronomie et la Météorologie.*

6ᵉ **volume** : *de l'Aimant et du Magnétisme terrestre, — l'Océan islandais, — Théorie physique des Vêtements, — III Articles sur l'Astronomie et la Météorologie.*

7ᵉ **volume** : *sur les Pierres précieuses, à l'occasion d'un livre intitulé :* Lithiaka. — *De la Télégraphie sous-marine.— De la Télégraphie électrique et des Télégraphes sous-marins. — Théorie physique des Vêtements. — Un jour d'observations dans les Pyrénées.—Cosmogonie de Laplace.—*La grande Comète de 1861 : *les Comètes en général. — Newton et sa Théorie du mouvement des Comètes.— XXX Articles sur l'Astronomie et la Météorologie.*

BABINET, de l'Institut, et HOUSEL, professeur de Mathématiques. — **CALCULS PRATIQUES APPLIQUÉS AUX SCIENCES D'OBSERVATION.** In-8, avec 75 figures dans le texte; 1857.      6 fr.

BARRESWIL et DAVANNE. — **CHIMIE PHOTOGRAPHIQUE**, contenant les éléments de Chimie expliqués par des exemples empruntés à la Photographie; les procédés de Photographie sur glace (collodion humide, sec ou albuminé), sur papiers, sur plaques; la manière de préparer soi-même, d'essayer, d'employer tous les réactifs et d'utiliser les résidus, etc. 4ᵉ éd., revue et augmentée. In-8 ; 1864. . . . . . . 8 fr. 50

BASSET (N.), Chimiste. — **PRÉCIS DE CHIMIE PRATIQUE,** ou *Éléments de Chimie vulgarisée,* renfermant les faits les plus incontestables de la Science chimique, les formules et les équivalents, les méthodes les plus rationnelles de préparation et d'analyse des corps les plus usuels, ainsi que les principales applications de la chimie aux arts et à l'industrie. In-18 jésus de 642 pages, avec figures dans le texte; 1861. . . . 5 fr.

BAUDUSSON. — **LE RAPPORTEUR EXACT,** ou *Tables des cordes de chaque angle, depuis une minute jusqu'à cent quatre-vingts degrés pour un rayon de mille parties égales,* augmenté de la nouvelle division du cercle en parties centésimales, ou *Tables des cordes de tous les arcs du demi-cercle, de 10 en 10 minutes,* avec une colonne des différences, au moyen de laquelle on peut prendre à vue les unités des minutes, par C. M. R. G., l'un des anciens Calculateurs des grandes Tables trigonométriques du Bureau du Cadastre; à l'usage des ingénieurs du Cadastre, de ceux qui lèvent des plans au graphomètre et qui s'occupent de la Gnomonique, ou art de tracer des Cadrans solaires. In-18, 4ᵉ édit.; 1864. . . . . . . . . . 2 fr.

**BENOIT** (P.-M.-N.), Ingénieur civil, ancien Élève de l'École Polytechnique, l'un des cinq fondateurs de l'École centrale des Arts et Manufactures. — **LA RÈGLE A CALCUL EXPLIQUÉE**, ou *Guide du Calculateur à l'aide de la Règle logarithmique à tiroir*, dans lequel on indique le moyen de construire cet instrument, et l'on enseigne à y opérer toutes sortes de calculs numériques. Fort vol. in-12, avec pl. . . . . . . . 5 fr.

**BERTRAND** (J.), Membre de l'Institut, Professeur à l'École impériale Polytechnique et au Collège de France. — **TRAITÉ DE CALCUL DIFFÉRENTIEL ET DE CALCUL INTÉGRAL.** — (**CALCUL DIFFÉRENTIEL**.) Beau vol. in-4 de 836 pages, avec 106 figures dans le texte. Imprimé sur carré fin des Vosges; 1864. 30 fr.

**BOUCHET** (JULES), Chef des travaux graphiques à l'École centrales. — **EXERCICES DE DESSIN LINÉAIRE ET DE LAVIS** à l'usage des aspirants à l'École centrale des Arts et Manufactures. (*Recueil approuvé par le Conseil des Études.*) In-folio oblong. . . . . . . . . . . . . . . . . 6 fr.

**BOURDON**, ancien Examinateur d'admission à l'École Polytechnique. — **ÉLÉMENTS D'ARITHMÉTIQUE.** 32e édit., rédigée conformément aux nouveaux programmes de l'enseignement dans les Lycées. In-8; 1862. (*Adopté par l'Université.*). . . 4 fr.

**BOUSSINGAULT**, Membre de l'Institut. — **AGRONOMIE, CHIMIE AGRICOLE ET PHYSIOLOGIE.** 2e édit. Tome III, in-8, avec planches sur cuivre et figures dans le texte; 1864. . 5 fr.
  Les tomes I et II se vendent séparément. . . . . . 5

**CABANIÉ**, charpentier, Professeur du Trait de Charpente, de Mathématiques, etc. — **CHARPENTE GÉNÉRALE, THÉORIQUE ET PRATIQUE.** 2 volumes in-folio avec planches. 2e édition; 1864. . . . . . . . . . . . . . . . . . . 60 fr.
  On vend séparément le tome Ier, *Bois droit*. . . 30
  Le tome II, *Bois croche*. . . . . . . . . . 30

**CAHOURS** (AUGUSTE), Examinateur de sortie pour la Chimie à l'École impériale Polytechnique. — **TRAITÉ DE CHIMIE GÉNÉRALE ÉLÉMENTAIRE.** Leçons professées à l'École centrale des Arts et Manufactures. 2e édit. 3 vol. in-18 avec figures et planches; 1860. (*L'introduction de cet ouvrage dans les Écoles publiques est autorisée par décision de S. Exc. M. le Ministre de l'Instruction publique et des Cultes.*)

**CARRIÉ** (L'ABBÉ), curé de Barbaste. — **HYDROSCOPOGRAPHIE ET MÉTALLOSCOPOGRAPHIE** ou *l'Art de découvrir les eaux souterraines et les gisements métallifères au moyen de l'électromagnétisme*. In-8 avec figures dans le texte; 1863. . 5 fr.

**CHEVREUL (M.-E.)**, Membre de l'Institut. — **DE LA BAGUETTE DIVINATOIRE, DU PENDULE DIT EXPLORATEUR ET DES TABLES TOURNANTES, AU POINT DE VUE DE L'HISTOIRE, DE LA CRITIQUE ET DE LA MÉTHODE EXPÉRIMENTALE.** In-8. 3 fr.

**CHOQUET**, Docteur ès Sciences et ancien Répétiteur à l'École d'Artillerie de la Flèche, Professeur de Mathématiques. — **TRAITÉ D'ALGÈBRE.** In-8; 1856. . . . . . . . . 7 fr. 50

> Cette édition contient le supplément à l'Algèbre de MM. MAYER et CHOQUET. (*L'Introduction de cet ouvrage dans les Écoles publiques a été autorisée par décision du Ministre de l'Instruction publique et des Cultes.*)

**COMBEROUSSE (CHARLES DE)**, Ingénieur civil, Examinateur d'admission à l'École centrale des Arts et Manufactures, répétiteur de Mécanique appliquée à la même École, professeur de Mathématiques et de Mécanique au collége Chaptal. — **COURS DE MATHÉMATIQUES**, à l'usage des Candidats à l'École centrale des Arts et Manufactures, pouvant servir également à tous les Élèves qui se destinent aux autres Écoles du Gouvernement. 3 vol. in-8, avec figures intercalées dans le texte.

> Chaque volume se vend séparément.
> Le tome I^er comprend l'Arithmétique et l'Algèbre élémentaire.
> 7 fr. 50

> Le tome II contient : la Géométrie plane, — la Géométrie dans l'espace, — le Complément de Géométrie, — la Trigonométrie, — le Complément d'Algèbre. . . . . . . . . . . . . . . 10 fr.

> Le tome III contient : la Géométrie descriptive. — la Géométrie analytique, — des Notions de Mécanique et de Physique.

**CONSOLIN (B.)**, auteur du *Manuel du Voilier*, Professeur du Cours de voilerie à Brest. — **MÉTHODE PRATIQUE DE LA COUPE DES VOILES DES NAVIRES ET EMBARCATIONS**, suivie de *Tables grâphiques facilitant les diverses opérations de la coupe, avec ou sans calcul;* ouvrage offrant aux Capitaines des renseignements utiles à la mer. In-12 avec 3 planches; 1863. . . . . . . . . . . . . . . . . . . . . 3 fr.

**COULVIER-GRAVIER**. — **PRÉCIS DES RECHERCHES SUR LES MÉTÉORES ET SUR LES LOIS QUI LES RÉGISSENT.** In-12, avec planches; 1863. . . . . . . . . . . . . 2 fr. 50

**COYTEUX (F.)**, auteur des *Vrais Principes des Mathématiques.* **DISCUSSION SUR LES PRINCIPES DE LA PHYSIQUE**, examen critique des principales théories ou doctrines admises ou émises en cette science et explications proposées. In-8 avec planches gravées par M. DULOS; 1864. . . . . . . . . . 10 fr.

**DAVANNE et GIRARD.** — **RECHERCHES THÉORIQUES ET PRA-
TIQUES SUR LA FORMATION DES ÉPREUVES PHOTOGRAPHI-
QUES POSITIVES.** Vol. in-8; 1864. . . . . . . . 10 fr.

**FINCK (P. J. E.),** Professeur. — **MÉCANIQUE RATIONNELLE.** —
Première partie : LA CINÉMATIQUE PURE. — Deuxième partie :
LA MÉCANIQUE DU POINT MATÉRIEL. In-8, avec figures dans le
texte; 1864. . . . . . . . . . . . . . 7 fr. 50

**FLAMMARION (CAMILLE).** — **LA PLURALITÉ DES MONDES HABI-
TÉS**, étude où l'on expose les conditions d'habitabilité des
terres célestes. In-8 avec figures; 1864. . . . . . 7 fr. 50

**GOURNERIE (DE LA).** — **TRAITÉ DE GÉOMÉTRIE DESCRIPTIVE.**
In-4, publié en *trois parties* avec Atlas de 156 planches. 30 fr.
Chaque partie se vend séparément. . . . . . 10 fr.

*La* 1<sup>re</sup> *Partie* contient quatre chapitres qui sont consacrés : 1° à la
ligne droite et au plan; 2° au cône, au cylindre et aux surfaces de
révolution; 3° aux projections cotées; 4° aux perspectives axono-
métrique, monodymétrique, isométrique et cavalière. Les deux
premiers livres contiennent tout ce qui est exigé pour l'admission à
l'École Polytechnique.

*La* 2<sup>e</sup> *Partie* comprend le cinquième Livre relatif à la Détermination des Ombres sur les figures géométrales, axonométriques et
cavalières, et les sixième et septième Livres consacrés aux Surfaces
développables et gauches.

*La* 3<sup>e</sup> *Partie* contient les principales propositions de la théorie
de la courbure des surfaces avec leurs applications aux arts graphiques et les constructions relatives aux surfaces hélicoïdales et
topographiques.

**HOÜEL,** Docteur ès Sciences, ancien Élève de l'École Normale.
— **TABLES DE LOGARITHMES A CINQ DÉCIMALES,** pour les
nombres et les lignes trigonométriques, suivies des LOGA-
RITHMES D'ADDITION ET DE SOUSTRACTION OU LOGARITHMES de
GAUSS ET DE DIVERSES TABLES USUELLES. 2<sup>e</sup> édition revue et
augmentée. In-8; 1864. (*L'introduction de cet ouvrage dans
les Écoles publiques est autorisée par décision du Ministre de
l'instruction publique et des cultes en date du 22 août
1859.*). . . . . . . . . . . . . . . . . . 2 fr.

**JAMIN (J.),** Professeur de Physique à l'École Polytechnique. —
**COURS DE PHYSIQUE DE L'ÉCOLE POLYTECHNIQUE.** 2<sup>e</sup> édition,
tome I<sup>er</sup>. In-8 de 552 pages avec 270 figures dans le texte et
une planche sur acier; 1863. (*L'introduction de ce premier
volume dans les Écoles publiques est autorisée par décision
du Ministre de l'instruction publique et des cultes.*) (Se vend
séparément). . . . . . . . . . . . . . . . 12 fr.
Les tomes II et III (ensemble). . . . . . . . 20 fr.

LACROIX (S. F.). — **ÉLÉMENTS DE GÉOMÉTRIE.** (1<sup>re</sup> partie, *Géométrie plane*, CLASSE DE TROISIÈME. — 2<sup>e</sup> partie, *Géomé- dans l'espace*. CLASSE DE SECONDE. — 3<sup>e</sup> partie, *Complément de Géométrie*. CLASSE DE MATHÉMATIQUES SPÉCIALES. — 4<sup>e</sup> par- tie, *Notions sur les courbes usuelles*. CLASSE DE RHÉTORIQUE. 18<sup>e</sup> édition, conforme aux *Programmes officiels* de l'enseigne- ment dans les Lycées; revue et corrigée par M. PROUHET, professeur de Mathématiques. In-8, avec 220 figures dans le texte; 1863. (*L'introduction de cet ouvrage dans les Écoles publiques a été autorisée par décision de S. Exc. le Ministre de l'instruction publique et des cultes du 27 juillet 1861.*) 4 fr.

LACROIX. — **ÉLÉMENTS D'ALGÈBRE**, à l'usage des candidats aux Écoles du gouvernement: 21<sup>e</sup> édition, revue, corrigée et annotée conformément aux *nouveaux Programmes* de l'en- gnement dans les Lycées, par M. PROUHET, professeur de Mathématiques. In-8; 1854. (*L'introduction de cet ouvrage dans les Ecoles publiques a été autorisée par S. Exc. le Minis- tre de l'instruction publique et des cultes le 27 juillet 1861.*). . . . . . . . . . . . . . . . . 6 fr.

LACROIX.—**INTRODUCTION A LA CONNAISSANCE DE LA SPHÈRE.** In-8, avec planches; 2° édition; 1864. . . . . . 1 fr. 25

DELAISTRE (L.), Professeur de Dessin général. — **COURS COM- PLET DE DESSIN LINÉAIRE, GRADUÉ ET PROGRESSIF**, conte- nant la Géométrie pratique, élémentaire et descriptive; l'Ar- pentage, le Levé des Plans et le Nivellement; le Tracé des Cartes géographiques; des Notions sur l'Architecture; le Dessin industriel; la Perspective linéaire et aérienne; le Tracé des ombres et l'étude du Lavis; publié en quatre parties, composées de 60 planches et texte in-4 oblong à 2 colonnes, tirées sur jésus.
Prix de l'ouvrage complet cartonné. . . . . . 15 fr.
*Ce Cours de Dessin est donné en prix par la Société d'Encoura- gement pour l'Industrie nationale, aux CONTRE-MAITRES des Établissements industriels.*

DUBIEF. — **L'ART D'EXTRAIRE LA FÉCULE DES POMMES DE TERRE,** ses usages dans l'économie domestique, sa conver- sion en sirop, sucre, vin, eau-de-vie et vinaigre; son emploi dans la fabrication de la bière, du cidre; dans les apprêts, la chapellerie, la boulangerie, les arts chimiques, etc.; avantage que procure cette opération aux cultivateurs; divers emplois remarquables de ses résidus. In-8, avec planches. 3 fr. 50

DUBIEF (L. F.), Chimiste. — **GUIDE PRATIQUE DE LA FABRICA- TION DES VINS FACTICES ET DES BOISSONS VINEUSES EN GÉNÉRAL,** ou Manière de fabriquer soi-même des vins, cidres, poirés, bières, hydromels, piquettes et toutes sortes de boissons vineuses, par des procédés faciles, économiques et des plus hygiéniques. In-12 ; 1863. . . . . . . . 1 fr. 50

DUBIEF (L.-F.). — **L'IMMENSE TRÉSOR DES VIGNERONS ET DES MARCHANDS DE VINS.** 3ᵉ édition. In-12 ; 1864. . . 3 fr. 50

DUHAMEL, Membre de l'Institut. — **ÉLÉMENTS DU CALCUL INFINITÉSIMAL.** 2 vol. in-8, avec planches ; 2ᵉ édition ; 1860-1861. . . . . . . . . . . . . . . . . . 12 fr.

DU MONCEL (Th.), Ingénieur électricien de l'administration des Lignes télégraphiques. — **TRAITÉ THÉORIQUE ET PRATIQUE DE TÉLÉGRAPHIE ÉLECTRIQUE,** à l'usage des employés télégraphistes, des ingénieurs, des constructeurs et des inventeurs. Vol. in-8 de 642 pages, avec 436 figures dans le texte et 3 planches sur cuivre ; imprimé sur carré fin satiné ; 1864. . . . . . . . . . . . . . . . . . 10 fr.

ENDRÈS (E.), ancien Élève de l'Ecole Polytechnique, ingénieur des Ponts et Chaussées. — **MANUEL DU CONDUCTEUR DES PONTS ET CHAUSSÉES,** d'après le dernier *Programme officiel des examens.* Ouvrage indispensable aux Conducteurs et Employés secondaires des Ponts et Chaussées et des Compagnies de Chemins de fer, aux Agents voyers et à tous les Candidats à ces emplois. 3ᵉ édition, 2 vol. in-8, avec 577 figures dans le texte et 4 planches d'instruments dessinés et gravés d'après les meilleurs modèles ; 1860. . . . . . . . . . . 13 fr.

ENDRÈS (E.), ancien Élève de l'Ecole Polytechnique, Ingénieur des Ponts et Chaussées. — **VADE-MECUM ADMINISTRATIF DE L'ENTREPRENEUR DES PONTS ET CHAUSSÉES** ou *Recueil raisonné des documents relatifs à l'adjudication, à l'exécution et au règlement des travaux, avec l'exposé détaillé de la procédure et de la jurisprudence des Conseils de Préfecture et du Conseil d'État.* Ouvrage utile à toutes les personnes chargées de projeter, diriger ou exécuter des travaux à l'entreprise. In-12 ; 1859. . . . . . . . . . . . . . . . . 3 fr. 50

FATON (le P.), de la Compagnie de Jésus. — **TRAITÉ D'ARITHMÉTIQUE THÉORIQUE ET PRATIQUE,** en rapport avec les nouveaux *Programmes* d'enseignement, terminé par une petite Table de Logarithmes disposée comme les Tables de Callet. Chaque théorie est suivie d'un choix d'exercices gradués du calcul et d'un grand nombre de Problèmes. 3ᵉ édition, revue et corrigée. In-12 ; 1861. (*L'introduction de cet ouvrage dans les Ecoles publiques a été autorisée par décision du Ministre de l'Instruction publique et des cultes.*) . . . . . . 2 fr. 75

LE COINTE (I.-L.-A.), de la Compagnie de Jésus, professeur à l'École préparatoire Sainte-Marie, à Toulouse. — **NOTIONS ÉLÉMENTAIRES SUR LES COURBES USUELLES.** Ouvrage destiné à la préparation au baccalauréat ès Sciences et à l'École spéciale militaire de Saint-Cyr. In-8, avec figures dans le texte; 1864. . . . . . . . . . . . . . . . 2 fr. 75

MAHISTRE (A.), Professeur à la Faculté des Sciences de Lille.— **L'ART DE TRACER LES CADRANS SOLAIRES**, à l'usage des Instituteurs et des personnes qui savent manier la règle et le compas. *Approuvé par le Conseil de l'instruction publique.* 2ᵉ édition. In-48, avec figures dans le texte; 1864. 1 fr. 25

OGER (F.), Professeur d'Histoire et de Géographie. — **GÉOGRAPHIE PHYSIQUE, MILITAIRE, HISTORIQUE, POLITIQUE, ADMINISTRATIVE ET STATISTIQUE DE LA FRANCE**, *rédigée conformément au Programme officiel*, à l'usage des Candidats à l'École militaire de Saint-Cyr et à l'enseignement géographique des Lycées. 3ᵉ édit., revue et augmentée de la GÉOGRAPHIE GÉNÉRALE ET DE LA GÉOGRAPHIE INDUSTRIELLE ET COMMERCIALE; vol. in-8, avec ATLAS de 23 cartes in-plano; 1864. 10 fr.

OGER (F.), Professeur d'Histoire et de Géographie, maître de conférences au collège Sainte-Barbe. — **COURS D'HISTOIRE GÉNÉRALE** à l'usage des Lycées, des Candidats à l'École militaire de Saint Cyr et des Aspirants aux baccalauréats ès Lettres et ès Sciences, rédigé conformément aux programmes officiels.

Iʳᵉ PARTIE : *Histoire ancienne et Histoire du moyen âge jusqu'en* 1328. In-8; 1863. . . . . . . . . . . . . . . . 3 fr. 50

IIᵉ PARTIE : *Histoire du moyen âge et des temps modernes* depuis l'avénement des Valois jusqu'a la paix de Westphalie (1328-1648). In-8; 1864. . . . . . . . . . . . . . . . 3 fr. 50

PONCELET, Membre de l'Institut. — **APPLICATIONS D'ANALYSE ET DE GÉOMÉTRIE** qui ont servi de principal fondement au *Traité des Propriétés projectives des figures,* avec additions par MM. MANNHEIM et MOUTARD, anciens Élèves de l'École Polytechnique. *Tome deuxième et dernier;* vol. in-8 de 602 pages, avec 179 figures dans le texte. Imprimé sur carré fin satiné; 1864. . . . . . . . . . . . . . . . 10 fr.

Le tome I se vend aussi séparément. . . . . . 10 fr.

REGNAULT (J.-J.). — **MANUEL DES ASPIRANTS** *au grade d'ingénieur des Ponts et Chaussées.* — *Guide du Conducteur des*

*Ponts et Chaussées, de l'Agent voyer, du Garde du Génie et de l'Artillerie,* rédigé d'après le nouveau *Programme officiel.*

Ouvrage divisé en 2 Parties. — Chaque partie se vend séparément.

PARTIE THÉORIQUE, contenant : l'Algèbre, la Géométrie analytique, la Géométrie descriptive, la Coupe des Pierres, la Charpente, la Physique, la Chimie, des Notions de Géologie, la Mécanique des corps solides et l'Hydraulique. 2 vol. in-8, avec 44 planches.    12 fr.

PARTIE PRATIQUE, contenant : les Cours de Routes, Cours de Chemins de fer, Cours de Ponts, la Navigation intérieure, des Notions sur les Desséchements et les Irrigations, les Ports maritimes ; des Notions d'Architecture et l'Exécution des travaux, etc. 2 vol. in 8, avec 50 planches. . . . . . . . . . . . . . . . . . 12 fr.

REGNAULT (J.-J.). — **TRAITÉ DE GÉOMÉTRIE PRATIQUE ET D'ARPENTAGE**, comprenant les OPÉRATIONS GRAPHIQUES et de nombreuses APPLICATIONS AUX TRAVAUX DE TOUTE NATURE à l'usage des Écoles professionnelles, des Écoles normales primaires, des employés des Ponts et Chaussées, des Agents-Voyers, etc. 2e édition, revue et augmentée. In-8, avec 14 pl.; 1860 . . . . . . . . . . . . . . . . . 5 fr.

REGNAULT (J.), bachelier ès Sciences mathématiques, directeur des Annales des Conducteurs des Ponts et Chaussées et des Annales des Chemins vicinaux. — **COURS PRATIQUE D'ARPENTAGE** à l'usage des Instituteurs primaires, comprenant la division et le bornage des terrains, suivi d'un Extrait du Code sur le bornage, de l'exposition des anciennes mesures agraires et de leur conversion en mesures nouvelles. — *Nouvelle méthode d'arpentage,* avec l'emploi de la chaîne métrique et de l'équerre d'arpenteur seulement, à l'usage des Instituteurs, des Élèves des Écoles primaires, des Propriétaires et des Cultivateurs. In-18, sur jésus, avec figures dans le texte ; 1861.. . . . . . . . . . . . . . . . . . . . 1 fr. 50

**REVUE DES SCIENCES ET DE L'INDUSTRIE POUR LA FRANCE ET L'ÉTRANGER,** par L. GRANDEAU, Docteur ès Sciences, et Aug. LAUGEL, ex-Ingénieur des Mines, ancien Élève à l'École Polytechnique. *Deuxième année.* Volume in-12, avec une planche, imitation de l'aqua-tinta (gravure physico-chimique), procédé DULOS ; 1863. . . . . . . . . . . , . . . . . 3 fr. 50

SERRET (J. A.), Membre de l'Institut. — **ÉLÉMENTS D'ARITHMÉTIQUE**, à l'usage des candidats au Baccalauréat ès Sciences, à l'École spéciale militaire de Saint-Cyr, à l'École Forestière et à l'École Navale. 3e édit., revue et augmentée de la Table des Logarithmes des nombres de 1 à 10,000, calculés avec cinq décimales. Rédigés conformément au *Programme de l'enseignement scientifique des Lycées*. In-8 ; 1861. (*L'Introduction de cet ouvrage dans les Écoles publiques est autorisée par décision du Ministre de l'instruction publique et des cultes, en date du 22 août 1859.* . . . . . . . . . . . 4 fr.

SERRET (J.-A.), Membre de l'Institut, Professeur au Collége de France. — **TRAITÉ DE TRIGONOMÉTRIE**. 3ᵉ édition, revue et augmentée. In-8, avec planches ; 1862. (*L'introduction de cet ouvrage dans les Écoles publiques est autorisée par décision de S. Ex. le Ministre de l'instruction publique et des cultes, en date du 5 août 1862*). . . . . . . . . . . . 4 fr.

SERRET (J.-A.). — **ÉLÉMENTS DE TRIGONOMÉTRIE RECTILIGNE A L'USAGE DES ARPENTEURS**. In-8, avec figures dans le texte ; 1853. . . . . . . . . . . . . . 2 fr.

Cet opuscule est spécialement destiné aux arpenteurs ; on a pris soin de ne rien omettre de ce qui est utile à l'étude des applications, mais on a rejeté toutes les théories qui ne sont pas indispensables pour cet objet.

VIANT (J.), Agrégé de l'Université, Professeur de Mathématiques au Prytanée impérial militaire de la Flèche. — **NOTIONS SUR QUELQUES COURBES USUELLES**, rédigées conformément au nouveau Programme de Saint-Cyr, à l'usage des Candidats à la dite École, aux Écoles Navale et Forestière, et au baccalauréat ès Sciences. In-8, avec planches : 1864. . 2 fr. 50

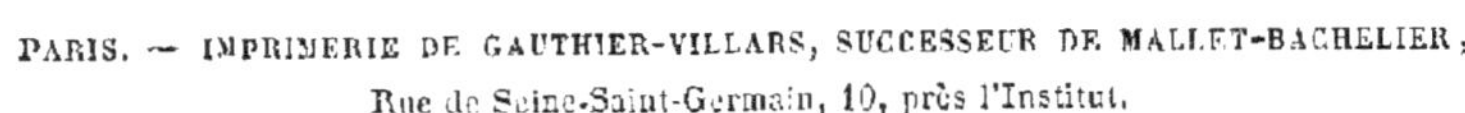

PARIS. — IMPRIMERIE DE GAUTHIER-VILLARS, SUCCESSEUR DE MALLET-BACHELIER, Rue de Seine-Saint-Germain, 10, près l'Institut.

PARIS. — IMPRIMERIE DE GAUTHIER-VILLARS, SUCCESSEUR DE MALLET-BACHELIER,

Rue de Seine-Saint-Germain, 10, près l'Institut.

www.ingramcontent.com/pod-product-compliance
Lightning Source LLC
LaVergne TN
LVHW020656200726
843508LV00002B/789